BESOINS MORBIDES

DU

SYSTÈME VIVANT

CONSIDÉRÉS AU POINT DE VUE DU DIAGNOSTIC ET DU TRAITEMENT

Par **H. BARRET**, D.-M.

—⦿—

Carpentras

IMPRIMERIE DE L. DEVILLARIO

1853

DES

BESOINS MORBIDES

DU

SYSTÈME VIVANT

CONSIDÉRÉS AU POINT DE VUE DU DIAGNOSTIC ET DU TRAITEMENT

Par **H. BARRET**, D.-M.

CARPENTRAS

IMPRIMERIE DE L. DEVILLARIO

1855

A M. LE PROFESSEUR LORDAT.

Mon vénéré Maître,

Permettez-moi de vous dédier un opuscule dont l'idée première
vous appartient, et de le publier sous vos auspices. Il y a des
gens qui croient trouver leur bien partout où ils le prennent;
pour moi, je me plais à reporter le mien à la source où je l'ai
puisé et à vous en faire hommage. Les besoins morbides de l'homme
vous ont vivement frappé : vous avez signalé leur étude comme
une source originale de diagnostics et d'indications. L'exercice de
la médecine n'a pas tardé à me révéler la richesse de cette source.
Je me suis alors occupé de lier, par leurs analogies et par la
communauté de leur cause, les maladies qui sont à la fois la traduction et le masque d'un besoin morbide, d'une virtualité médicatrice opprimée ou impuissante. Je les ai rattachées à l'étiologie
qui les coordonne, au principe supérieur qui est leur expression
et leur formule. Je n'ajoute pas, après cela, que mon sujet est
pratique. Les baconiens laissent la naïveté de cette enseigne aux
fantaisistes qui font de la spéculation en dehors des faits. Nos
théories se réduisant à des résultats généraux, nous n'admettons

pas de vérité réelle qui ne sorte de l'objet auquel elle est relative, et qui, à ce titre, ne s'impose à lui et ne soit pratique. Je ne puis vous dire ni préjuger comment j'ai rempli ma tâche. On trouve si aisément beaux les enfants laids dont on est le père ! Je me borne donc à vous présenter mon œuvre ; trop heureux si vous découvrez quelques traits affaiblis, quelques reflets de son inimitable modèle dans l'essai de votre très-humble et bien fidèle disciple

H. BARRET.

Sydenham définissait la maladie : un effort de la nature tendant
à éliminer quelque chose qui lui nuit. Ce dogme du grand épidé-
miste a eu longtemps l'autorité d'un axiome, et il est aujourd'hui
dans l'oubli. La vérité qu'il renferme ne méritait pourtant, à vrai
dire, ni cet excès d'honneur ni cette indignité. Elle a eu le sort de
tout ce qu'on exagère : on a fini par lui contester ses droits les
plus évidents. Ainsi procède l'esprit humain : d'un extrême à
l'autre, de l'optimisme de Sthal au pessimisme de Broussais. Qu'on
regarde d'un œil attentif aux affirmations contradictoires des divers
systèmes, on trouve en chacune d'elles un dogmatisme intempé-
rant qui généralise outre mesure quelques faits particuliers, ou
qui universalise un fait simplement général. Les conclusions du
novateur ont beau découler des prémisses, elles les dépassent
constamment et arrivent à se nier les unes les autres, au lieu de
se limiter. C'est à une époque de critique et d'éclectisme à réhabiliter dans une synthèse harmonieuse les vérités expérimentales
de tous les âges de la médecine. A leur tête se trouvera le principe
du naturisme. Nous voudrions ici mettre en lumière une application féconde et à peu près neuve de ce dernier ; mais il faut, avant
de l'envisager sous ce point de vue, le déterminer et le restreindre.
Le principe en question a d'abord quelque chose de paradoxal.
Comment admettre, en effet, que les maladies, ces accidents re-
doutés qui désolent et interceptent la vie de l'homme, soient de
simples efforts médicateurs destinés à l'améliorer ? On considère
alors comme un bien ce que le sens commun proclame le pire des
maux, et l'absurdité est par trop forte. Aussi disparaît-elle dès
qu'on entre dans la pensée de Sydenham et dans le vrai sens de son

langage. Pour lui et pour la tradition de Cos, l'état pathologique se présente sous deux aspects. Il se compose de la virtualité morbide qui en est le fond, et des opérations sensibles qui en sont la forme extérieure, de l'affection, en un mot, et de la maladie. C'est ainsi qu'on distingue la diathèse cancéreuse des lésions qui la spécifient, la syphilis constitutionnelle ou le vice scrofuleux des dégradations qui leur sont propres. C'est ainsi que, dans une sphère limitrophe, je veux dire en psychologie, on distingue l'idée pure des expressions variées qui la révèlent. L'affection est un mal absolu qu'il est toujours fâcheux, pour un homme sain, de contracter; la maladie est une fonction médicatrice dont l'économie peut avoir besoin. La première opprime et ruine le système que l'autre délivre et régénère, et cette opposition de leurs tendances est un des meilleurs caractères de leur distinction. Seulement, et c'est en cela que pèche l'affirmation de Sydenham, toute opération pathologique n'est pas bonne. L'automatisme ne va pas plus infailliblement au bien dans son domaine, que la volonté dans le sien. Bon nombre de ses efforts sont loin d'être salutaires : il y en a dont l'utilité est au moins douteuse, d'autres sont décidément nuisibles, quelques-uns sont à coup sûr funestes. Est-il démontré, par exemple, est-il seulement probable que les chancres non indurés, ceux qui n'engendrent ni ne présupposent la vérole constitutionnelle, soient une bonne fortune dépuratoire pour les syphilitiques, et puissent contribuer à leur guérison! Est-ce qu'une fluxion de poitrine n'est pas une aventure constamment périlleuse et sans avantages possibles pour la plupart de ceux qui la courent ? A qui persuadera-t-on enfin qu'à la suite d'une déchirure de l'aponévrose palmaire et du ressentiment qui en reste dans le dynamisme, le tétanos qui se déclare ne soit de tout point pervers et fatal !

La formule du naturisme ne s'applique donc ni aux affections proprement dites, ni à certaines maladies, hélas! trop communes; mais, ces réserves faites et ces exceptions reconnues, elle demeure la loi d'une myriade de faits et une donnée pratique des plus fécondes.

Les maladies récorporatives sont trop nombreuses pour qu'on soit tenté d'agrandir arbitrairement la catégorie qui les renferme. Depuis le travail de séparation et d'expulsion qui s'accomplit autour d'une épine introduite dans nos tissus, et qui efface ensuite

les traces de son passage, jusqu'aux attaques régulières qui dé-
purent de temps à autre l'organisme d'un goutteux, jusqu'aux
accès convulsifs qui satisfont à un besoin réel et dissipent l'inquiétude qui les précède et les annonce, les phénomènes médicateurs
remplissent la pathologie, et jettent sur la thérapeutique des lumières dont on ne profite pas assez. Nous ne passerons pas en
revue, à l'appui de notre assertion, les diverses fonctions morbides qui peuvent être salutaires : elles sont trop communes, trop
incontestées. Le *traité classique des maladies qu'il est dangereux
de guérir* est la preuve qu'on croit généralement à leur existence.
Bornons-nous à indiquer les principales divisions dont elles sont
susceptibles et les groupes naturels qu'on en peut former. On en
voit d'abord de soudaines et de brèves, comme une épistaxis, un
vomissement, un cours de ventre. C'est une sorte de changement
à vue de la scène physiologique. Elles ressemblent à ces orages
qui purifient l'air et qui rendent à un ciel nuageux sa sérénité.

D'autres ont l'allure d'une révolution radicale. Plus laborieuses
et plus complexes que les premières, bien longues en comparai-
son quoique suraiguës, elles ébranlent l'économie jusques dans
ses fondements, et la régénèrent au péril de son existence. Les
fièvres éruptives, beaucoup d'érysipèles et d'abcès, les parotides
critiques, appartiennent à cette catégorie.

Nous en ferons une troisième des opérations simplement réfor-
matrices, qui procèdent sans secousses et par un travail, en apparence tout local, au renouvellement dynamique et anatomique
du sujet vivant. Un fait de cet ordre, assez commun et bien mal
compris d'ordinaire, est la fonte purulente de quelques glandes
cervicales chez nombre de jeunes sujets qui n'échappent pas
autrement à la phthysie pulmonaire et aux tumeurs blanches.
Ces lessives organiques ont une grande durée ; les unes sont
propres à l'enfance, comme le favus, à l'âge mûr et au commencement de la vieillesse, comme les hémorrhoïdes ; il y en a de continues
et de définitives, comme certaines formes de dartres, de périodi-
ques, comme divers flux, d'accidentelles enfin, comme les suppura-
tions suivies de fistules à la marge de l'anus. On dirait des émonc-
toires surnuméraires.

L'observation clinique nous montre encore, trop souvent, de
graves désordres qui n'ont aucuns des caractères médicateurs que

nous venons d'indiquer. Ce sont des gangrènes partielles, des nécroses circonscrites, des dégradations irréparables. On résiste difficilement à la tentation de les réprimer, et pourtant ces opérations inquiétantes peuvent n'être que la part nécessaire du feu, que la satisfaction la moins redoutable d'un besoin pathologique irrémissible. Par combien d'erreurs de traitement et de revers de pratique ne se justifie pas journellement cette proposition générale ! Je rapporte une seule observation à l'appui, et, par délicatesse, je l'emprunte à mon humble pratique. — Joséphine M., fille d'un instituteur, mon voisin, avait, au commencement de 1842, une ophthalmie chronique fort rebelle. La situation de la pauvre fille était des plus intéressantes et je la visitais plusieurs fois par jour. L'inflammation affligeait les deux yeux au même degré : elle se composait d'un gonflement douloureux des paupières, d'un boursoufflement énorme de la conjonctive déjà opaque en divers points de la cornée, et enfin d'une photophobie qui rendait la constatation de ces lésions de texture fort pénible. Le sujet avait 16 ans ; c'était une fille petite mais forte, bien menstruée et richement développée. La nature de son mal était évidemment strumeuse. Joséphine avait aux ganglions cervicaux des nodosités pathognomoniques et on ne peut mieux en rapport, d'ailleurs, avec ses dispositions héréditaires. Les antiphlogistiques, les révulsifs, le séton à la nuque, l'iode, le muriate de baryte avaient échoué ; restait le calomel dont un ophtalmologiste de nos contrées a popularisé l'usage dans toutes les maladies des yeux. En désespoir de cause, je l'administrai, à doses répétées, suivant sa méthode, et j'en aidai l'action un peu lente par des frictions avec l'onguent mercuriel double sur les régions parotidiennes. Une salivation abondante s'établit et enraya promptement la phlegmasie oculaire. Tous les accidents, moins les taches, disparurent en quinze jours. Je croyais avoir fait merveille ; mais un mois ne s'était pas écoulé qu'une toux opiniâtre succéda à la salivation, la fièvre hectique s'alluma, des hémophtysies survinrent, l'amaigrissement fit de rapides progrès, les deux poumons s'infiltrèrent de matière tuberculeuse, et la pauvre fille fut emportée, avant leur fonte purulente, par une phtysie suraiguë.

Est-ce à dire que, de peur de pire, il ne faille pas s'opposer aux désorganisations scrofuleuses qui laissent la vie sauve ? non certes, surtout quand on les attaque et qu'on en triomphe par des spécifiques. Il en est plusieurs, toutefois, qui sont, malgré leur gravité, le moindre des maux inévitables, et qu'on ne supprime pas impunément. Combien de tumeurs blanches, par exemple, dont le travail morbide est l'unique préservatif possible de la consomption pulmonaire ! (*)

La distinction des maladies qui aboutissent au bien du système d'avec les maladies qui le tourmentent inutilement ou qui le ruinent, est incontestable en principe, mais elle est hérissée de difficultés dans une foule d'applications. Et en effet, les opérations les plus constamment médicatrices, les hémorrhoïdes, je suppose,

(*) J'ai vu deux cas trop remarquables de la solidarité à laquelle je fais allusion, pour ne pas les relater ici en substance. Le sujet du premier est un imprimeur : il porte, depuis environ 15 ans, à l'articulation tibio-tarsienne et au tarse droit, un gonflement osseux considérable qui l'oblige à marcher avec un pilon à genouillère, comme un amputé de la jambe. La peau qui couvre la face dorsale de la tumeur est violacée ; elle s'est ouverte maintes fois en divers points, et il y existe encore à présent un trajet fistuleux qui donne un peu de pus. La santé générale, mauvaise au début, s'est beaucoup améliorée dans ces dernières années : elle est aujourd'hui excellente et permet un travail soutenu. Résultat d'autant plus heureux, que nous avions, il y a dix ans, une toux rebelle et des crachats hemophtoïques ; la diathèse morbide qui a simultanément menacé la poitrine et le pied s'est épuisé sur ce dernier aux approches de la quarantaine.

Les conditions du deuxième cas étaient meilleures en apparence, et l'intervention de l'art y eut pourtant le résultat qu'on va voir. J. M., ouvrier sellier de cette ville, âgé de 22 ans, était affligé, depuis quelques années, d'une tumeur blanche à l'articulation métatarso-phalangienne du gros orteil droit, les extrémités des os en rapport étaient gonflées et ramollies, et leurs surfaces suppuraient. La peau de cette région, amincie et décollée, présentait deux ouvertures fistuleuses sur les côtés et en arrière de la tumeur. Toutes les fonctions, moins la marche, demeuraient irréprochables ; la nutrition en particulier se faisait très bien, et le travail de l'atelier n'éprouvait ni gêne ni interruption. M. appartenait, il faut le dire, à une famille dont les deux dernières générations ont été moissonnées par la phthysie ; mais il semblait étranger à ces dispositions fatales. Brun, bien musclé, ne toussant jamais, il avait d'ailleurs les traits de son grand-père paternel qui est parvenu à l'âge de 84 ans, sans avoir été malade.

Le gonflement dont il s'agit fut d'abord négligé. Plus tard il se montra rebelle à un exutoire, à l'iode, aux amers, au muriate de baryte. Il céda enfin, au bout de l'été de 1851, après deux saisons de bains de mer et l'usage persévérant de l'huile de foie de morue, dans leur intervalle. La suppuration fut tarie, la claudication cessa, et il ne resta qu'un engorgement indolent autour de l'article si gravement menacé. La guérison parut de bon aloi et se soutint jusqu'aux premiers jours de novembre 1851. Une bronchite par refroidissement la remit en question à cette époque. Les accidents thoraciques résistèrent au régime et au traitement les plus sévères ; rien ne put enrayer la toux, l'expectoration ni la fièvre ; le malade s'alita au commencement de janvier 1852, et mourut deux mois après dans le marasme.

deviennent mauvaises chez les sujets affaiblis qui n'en ont pas besoin et qui en font péniblement les frais. Les plus dangereuses, témoins l'ophthalmie de Joséphine M. et la tumeur blanche du jeune M., sont parfois un sacrifice indispensable, une partie de la cargaison jetée à la mer pour le salut du navire.

La détermination du génie d'une maladie est donc un problème plus individuel qu'on ne le croirait au premier abord. Une fonction morbide du meilleur renom peut pécher par sa violence ou sa faiblesse, sa briéveté ou sa longueur, par l'inoportunité de sa venue. Le médecin doit avoir les yeux sur elle pour la faire arriver à point, la stimuler, l'abandonner à elle-même ou l'attaquer directement. Le précepte qu'un praticien illustre a formulé à propos de la fièvre, est vrai de toutes les synergies réparatrices : il faut, suivant les cas, les aider, les enrayer, ou les laisser faire.

Dans le nombre et l'infinie variété des maladies qu'il est dangereux de guérir, il en est qui réunissent les conditions que voici : elles ont délivré le sujet de désordres antérieurs plus fâcheux ; on ne peut les supprimer, que ces désordres, ou d'autres analogues, ne reviennent : elles ramènent la santé à leur suite quand elles reparaissent spontanément ou qu'on les rappelle. L'antagonisme des efforts conservateurs et des tendances perverses est alors patent. Il l'est peut-être plus encore quand les deux fonctions coexistent au lieu de se succéder, prédominent tour à tour sans se neutraliser, et occupent simultanément la scène vitale. J'ai, depuis quinze ans, sous les yeux un remarquable exemple de cette lutte. Il s'agit d'un septuagénaire habituellement diarrhéique, et dont le moral est d'une irritabilité voisine de la folie. Ces deux aberrations sont des formes permanentes de son état de santé ; je les observe constamment chez lui en raison inverse l'une de l'autre. Y a-t-il un peu de délire, je suis sûr que le ventre est tendu, et que la liquidité des selles laisse quelque chose à désirer ; l'âme est-elle à peu près sereine, les évacuations alvines ont été faciles et abondantes. Les maladies salutaires manquent parfois d'un ou de plusieurs des caractères que nous venons d'indiquer, et on les reconnaît pour telles néanmoins. Celle-ci n'aura été précédée d'aucune altération de la santé, elle correspond à un besoin plutôt satisfait que manifesté. Celle-là se perpétuait par une sorte d'habitude, après avoir accompli son œuvre dépuratoire ;

où a pu la supprimer impunément. Il en est qui deviennent parasites, nuisibles même lorsqu'un traitement spécifique ou une révolution métasyncritique en a tari la source. On en voit enfin qu'un exutoire ou d'autres équivalents pathologiques remplacent avec avantage. Ces dérogations restreignent la règle : elles ne l'abrogent point. Les efforts de la nature éliminant ce qui lui nuit, demeurent un des faits les plus généraux de la spéculation et de la pratique. Leur étude approfondie est le principe des méthodes naturelles et imitatrices de la thérapeutique de Barthèz. Nous devons voir dans ces efforts des retours spontanés à l'ordre physiologique, ou des transactions avantageuses avec un mal invincible. Le vrai médecin les surveille, les dirige, les contient, les stimule même parfois : il se garde de les réprimer. L'adage : *quò natura vergit, eò ducendum* est une des règles les plus sévères de sa conduite. Bien entendu que la nature dont il s'agit ici n'est pas l'activité vivante proprement dite, mais une de ses formes les plus merveilleuses et les plus pures, à savoir sa forme médicatrice. De même qu'on distingue, en morale, les intentions droites des préméditations perverses, les actes qui dégradent l'âme de ceux qui la réhabilitent et l'améliorent, on ne saurait confondre dans la sphère vitale les tendances conservatrices et les tendances funestes, les opérations qui régénèrent le système avec celles qui préparent ou consomment sa ruine. Le bien et le mal coexistent si réellement et abondent même a tel point dans nos deux puissances, que chacun d'eux, analogie bien digne de remarque, a des partisans outrés qui exagèrent son importance et n'admettent plus que lui seul. Saint-Cyran et sa secte n'ont-ils pas calomnié les plus nobles mobiles de l'âme, dont Charles Fourrier n'a pas craint, deux siècles plus tard, de déifier jusqu'aux vices, tandis que les successeurs de Sylva et de Chirac, les prôneurs du *coup sur coup*, prennent aujourd'hui le contrepied de l'optimisme Sthalien ? L'observation et le sens commun répugnent également à ces extrêmes. Dans le domaine de la médecine, comme dans celui de la morale, il faut faire le départ des deux ordres de spontaneités et s'exercer à leur signalement respectif. Nul doute que la chose ne soit facile quand il s'agit de la direction du sens intime : le problème se résout en se posant devant la lumière de la conscience, mais il est plein d'obscurités en thérapeutique. Nous avons là souvent un mélange confus de synergies salutaires, d'efforts préventifs, d'opérations parasites et fatales. Une expression morbide donnée est loin d'avoir un caractère constant; une hémorrhagie, par exemple, est tantôt critique d'une fièvre angéioténique, tantôt prophylactique d'une apoplexie, parfois assez intempestive pour être mortelle. Il lui arrive de commencer pour le bien de l'économie, et de la mettre en péril par sa ténacité. Un flux sanguin, diarrhéique ou autre, aura beau être nécessaire et reconnu pour tel, il pourra dépasser le but ou ne pas l'atteindre, de sorte qu'après sa convenance il reste à déterminer son degré et sa mesure. C'est donc avec des restrictions et sous bénéfice d'inventaire que nous acceptons le célèbre adage : *quò natura vergit,* etc... quittes à lui donner tout-à-l'heure de l'extension dans un autre sens : nous le tenons, en attendant, pour un des flambeaux de la clinique. La difficulté de ses applications n'infirme pas son excellence. Si des fonctions morbides, parasites et même funestes, prennent quelquefois le masque des fonctions recorporatives, ces dernières sont plus souvent exposées, par leur gravité apparente, à être méconnues et refoulées. Cette erreur n'est que trop commune dans la pratique des mieux avisés ; heureux celui qui la découvre à temps ! plus heureux celui qui la répare et qui obtient la réapparition des prétendus maux qu'il a fait cesser ! car leur suppression intempestive est une faute plus facile à commettre qu'à effacer.

Rien que de bien simple et d'incontesté dans ce qui vient d'être, non pas établi, mais remémoré : ce sont des vérités anciennes et des lemmes classiques que nous rappelons au lecteur. Il serait oiseux d'insister sur ce point de doctrine ; la tradition constante de l'hippocratisme et la grande majorité des artistes s'accordent, avec les aphorismes du vulgaire, à admettre des maladies qu'il faut accepter, maintenir, reproduire.

Les besoins morbides du dynamisme vivant ne sont pas les seuls qui occasionnent des troubles sérieux, et qui arrivent à leur satisfaction au moyen d'un appareil symptomatique inquiétant : divers besoins physiologiques se trouvent souvent dans ce cas. — Voilà une fille pubère en apparence et déjà bien développée : elle n'a pas été réglée encore : le retard de la menstruation est attesté, chez elle, par la pléthore, par des mouvements fluxionnaires qui expirent au voisinage de l'utérus et qui n'aboutissent pas ; il l'est surtout par les conditions normales du sexe à cet âge. L'appréciation et la conduite du médecin sont-elles là un instant douteuses ? Loin de combattre les synergies opératrices d'une hémorrhagie nécessaire, il leur donne le concert et l'énergie qui leur manquent ; il relève plus sûrement que jamais du principe *quò natura vergit,* etc. — Soit un enfant dont l'énucléation dentaire est tenue en échec par la résistance des gencives. Celles-ci sont rouges, tendues et très douloureuses ; le ventre manque de la liberté si indispensable en pareil cas, et une fluxion fébrile menace l'encéphale et détermine quelques convulsions. Or, je le demande, le point de départ, le but, le déraillement de ces efforts peuvent-ils être plus clairs, l'indication de lever l'obstacle plus manifeste ?

Une erreur de diagnostic serait impardonnable dans les deux espèces dont il vient d'être question. J'en signalerai une troisième plus commune qu'on ne le suppose, où un besoin à la fois naturel et irrémissible fut sur le point de passer inaperçu malgré sa violence et le péril croissant de son oppression. On devine qu'il est question d'une rétention stercorale. En voici, du reste, les détails exacts.

Le 19 avril 1849, je suis appelé en consultation, au moulin de Sarrians, auprès d'une jeune femme de la campagne, que soignait le docteur Plantin. La maladie a un mois de date et consiste en un rhumatisme articulaire très simple et, ce semble, en voie de résolution. La fièvre est médiocrement forte, et il n'y a plus qu'une jointure, celle du poignet droit, affectée. Nous prescrivons l'usage d'une boisson légèrement diaphorétique, le repos et la chaleur du lit, et nous permettons un peu de bouillon. Notre pronostic est très rassurant. Je revois la malade vingt jours après : la fièvre s'est rallumée sans que le sujet ait fait la moindre imprudence ; les membres sont libres, mais le rhumatisme paraît affliger la paroi abdominale ; celle-ci est rétractée et privée de sa souplesse élastique ; l'appétit est nul et l'abstinence absolue ; des douleurs lancinantes traversent par moments le petit bassin et aboutissent au fondement ; point de selles, comme chez une personne depuis longtemps privée d'aliments. Dix sangsues sont appliquées à l'anus ; on fait des embrocations sur le ventre avec de l'huile de jusquiame, et on place de larges vésicatoires aux mollets.

Les piqûres de sangsues coulent abondamment, les vésicatoires prennent à merveille, et le mal empire : je le trouve, au bout de trois jours, horriblement aggravé. Le pouls est devenu misérable, la chaleur défaillante et la face hippocratique ; les douleurs du petit bassin sont cruelles et incessantes : elles suivent le trajet du rectum, et provoquent de stériles efforts de défécation dont l'impuissance se traduit par des convulsions épileptiformes des muscles des yeux et du visage. Que se passait-il dans la cavité pelvienne ? les urines coulaient librement, l'utérus était hors de cause, une désorganisation cancéreuse du rectum, une carie du sacrum n'avaient pu s'accomplir en six semaines sur une femme de 22 ans jusques là fraîche et saine.

Avions-nous affaire à un simple arrêt des exonérations alvines déterminé par l'immobilisation rhumatique de la paroi abdominale et peut-être des plans musculaires de l'intestin ? Il était difficile de s'expliquer, dans cette hypothèse, l'acuité des douleurs et le danger prochain de la mort. Le toucher leva nos doutes. Nous trouvâmes le rectum distendu par une masse compacte de fecès que le doigt eut beaucoup de peine à diviser et à extraire : il fallut deux heures pour y parvenir. Un bien-être du meilleur augure suivit cette manœuvre. Nous la reprîmes le lendemain avec le même succès. La nature du mal ainsi reconnue, deux onces d'huile de ricin achevèrent la cure, et notre mourante revint promptement à la vie et à la santé.

Il serait aisé de multiplier des observations analogues : on en trouverait beaucoup d'afférentes aux innombrables aspirations de notre double dynamisme, et, à propos de chacune d'elles, on présenterait le tableau mouvant des désordres qui résultent de son oppression. Mais cette source étiologique est incontestée. L'empêchement d'un acte, soit physiologique soit médicateur, est généralement regardé comme une cause de maladies. Je me borne donc à demander, et l'objet propre, le but spécial de ce travail est de rechercher si on a tiré de l'étude et de la méditation des besoins naturels et morbides, tous les enseignements qu'ils renferment quand on s'est abstenu de les comprimer, quand on les a dirigés, entretenus, aidés... Voyons.

Un adulte est sujet aux retours d'une céphalalgie gravative qui se juge d'ordinaire par un saignement de nez. Cette pesanteur l'accable dans le moment, et une fièvre angéioténique s'y ajoute. chacun voit là un épitaxis en retard, le besoin relatif en souffrance et l'indication d'une saignée. Or, est-il difficile de faire un pas de plus et de reconnaître le besoin d'une hémorrhagie nasale chez un individu qui ne l'a jamais éprouvé et qui en présente les signes pour la première fois ? La phrase symptomatique doit être intelligible sans doute, mais il faut apprendre à l'interpréter quand elle est obscure. On n'est pas médecin à moins de s'être initié à la langue de l'automatisme, et il est vrai de dire qu'elle a autant de dialectes qu'il y a de malades. Qui ne sait l'honneur que le secret de cette langue naturelle fit jadis à Galien, et, plus anciennement, au médecin d'un roi de l'Asie dont le fils se mourait d'un mal méconnu ? On a beaucoup parlé, et avec raison, du cri des organes : ça été le génie de notre époque de les ausculter chacun en particulier, avec une attention scrupuleuse; et de s'appliquer à distinguer leur voix dans le concert de la vie. Ces recherches ont rendu de grands services; elles ont éclairé d'un jour nouveau le diagnostic anatomique, et par lui la pathologie entière. Mais croit-on que les cris des besoins aient une moindre importance, et qu'on ne doive pas s'attacher avec le même soin à les démêler et à les comprendre ? Le cri d'un organe se réduit trop souvent à un gémissement stérile, tandis que le cri d'un besoin est la demande formelle d'un secours spécifié, d'une intervention vraiment curative.

La préparation dynamique d'une épistaxis est une de celles qui ont le signalement le mieux arrêté, la préméditation la plus transparente. Or, ce qui est possible à priori pour le saignement de nez l'est également pour une fluxion hémorrhoïdaire ou diarrhéique, pour un vomissement bilieux, pour une éruption herpétique, quand leur nécessité actuelle est accusée par un molimen caractéristique. Que la santé du sujet se soit déjà montrée liée à des spontanéités médicatrices, ou qu'elle s'y subordonne pour la première fois, peu importe; l'indication est, à la clarté près, la même, et la guérison est au prix de leur découverte. La nature vivante ne se laisse mener que là où il lui plaît d'aller. Ce sont donc ses pentes individuelles qu'il importe de déterminer. Telle est l'inconnue du problème à résoudre, et cette inconnue nous observons des efforts opératifs qui la dégagent.

La question est à présent de savoir si après les trois ordres de besoins qui viennent de nous occuper : besoins physiologiques, besoins morbides, soit actuellement soit antérieurement manifestés, besoins morbides révélés par des synergies appréciables, il n'exis-terait pas une catégorie de besoins plus obscurs, qu'il faut deviner en quelque sorte ou découvrir par une autre voie, et dont la souffrance pousse également l'économie à de dangereuses aberrations.

Nous avons pu jusqu'ici fonder nos propositions sur des faits qui sont dans le souvenir et sous les yeux de tout le monde. Il en sera bien à peu près de même pour les théorèmes qui nous restent à démontrer. Nous nous défierions trop d'une vérité absolument nouvelle : il n'y en a guère que de renouvelées, et ce ne sont pas les plus faciles à faire admettre. On est suspect d'être rétrograde en cherchant à les réhabiliter dans ce siècle de progrès. Aussi serons-nous sévères pour les preuves, et pour peu qu'une assertion dépasse la ligne de l'évidence ou des croyances communes, nous nous croirons obligés de l'appuyer sur des observations péremptoires. Cette littérature de procès-verbal n'est pas, à coup sûr, le beau idéal de la science : l'abus intolérable qui en est fait ailleurs ne saurait pourtant nous en interdire l'usage.

On ne sera d'abord démenti par aucun médecin bien informé, en affirmant que les recueils et les souvenirs des artistes sont pleins d'histoires comme celle-ci : une affection chronique grave dure depuis des mois, des années ; c'est une menace sérieuse de phthysie, un squirrhe présumé du pylore, une gastralgie hypochondriaque. Le phénomène initial de ces désordres est inconnu, leur étiologie impénétrable. Les méthodes naturelles analytiques et empyriques ont tour à tour échoué ; le sujet est dans un état d'inquiétude vitale et morale extrême ; l'assistance commence à désespérer avec lui, lorsqu'au milieu d'une exacerbation des symptômes, des plaques herpétiques, un flux hémorrhoïdal, une attaque de goutte régulière se produisent, et la santé se rétablit à leur suite.

Ces péripéties ont évidemment le génie de celles dont il a été question plus haut. L'analogie, l'identité ne se sont montrées qu'après coup, mais de la manière la plus saisissante : la révulsion a eu peu de chose à revendiquer dans le résultat ; elle avait été nulle ou purement occasionnelle. La guérison procède de la satisfaction spontanée ou provoquée d'un besoin dont l'oppression tourmentait le système et causait tout son mal.

On peut élever quelques difficultés doctrinales à l'endroit de cette interprétation ; on peut vouloir expliquer les crises heureuses, auxquelles nous faisons allusion, par des diversions appropriées aux dispositions particulières des malades ; et ici une distinction est de rigueur. Qu'une épistaxis survienne à un traumatisme de la tête et dissipe de graves accidents cérébraux, la raison d'être de ces accidents n'est pas un besoin en souffrance, c'est une violence extérieure accompagnée d'une fluxion irritative. — Qu'un sein carcinomateux soit frappé de sphacèle et séparé du reste du corps par une inflammation éliminatrice, personne n'imaginera que le cancer fût le témoignage d'un besoin de gangrène. Celle-ci sera regardée par tous comme un héroïque effort de la nature, comme une ressource extrême dont elle s'est admirablement servie. Mais que le mariage guérisse une hystérie jusques là rebelle ; qu'une menstruation régulière fasse cesser les désordres symptomatiques d'une aménorrhée; que la céphalalgie et les vertiges liés à l'omission d'une saignée habituelle se résolvent en une hémorrhagie spontanée, il est par trop clair que le retard des actes vitaux qui sont venus juger la maladie avait été le point de départ et la cause de cette dernière.

Les deux catégories diffèrent donc profondément par leur origine. Il y a, d'ailleurs, au point de vue du pronostic, des chances d'erreur à les confondre. Au lieu de la presque infaillibilité curative qui est propre à la satisfaction parfaite d'un besoin morbide, le simple effort conservateur est souvent tenu en échec par la maladie dont il est l'adversaire, ou n'obtient avec elle que des trèves, des succès de courte durée. Son infériorité est la clef d'une anomalie singulière et inexplicable autrement. Qui ne sait que chez bon nombre de sujets une fluxion hémorrhoïdaire peu prononcée triomphe aisément d'une congestion cérébrale très inquiétante, alors que chez certains individus, dont les conditions sont sensiblement identiques, une véritable hémorrhagie anale ne prévient pas l'apoplexie et semble même y préluder. La diarrhée, les dartres les écoulements du meilleur renom sont logés à la même

enseigne. A côté des merveilleux exemples de leur efficacité se
rencontrent ceux de leur impuissance. D'où leur vient cette in-
égalité d'influence ? si ce n'est de ce que les maux qu'ils dissipent
étaient la préparation sourde de la crise qui en a été le terme, cette
crise elle-même fourvoyée, tandis que les maux qui leur sont rebelles ont un principe différent et une existence indépendante.
Entre ces types extrêmes on en voit d'intermédiaires qui partici-
pent de tous les deux. Nous ne pousserons pas plus loin l'opposition de ce parallèle ; elle justifie surabondamment notre distinction. Il demeure démontré que les besoins pathologiques en souffrance sont des causes originales de maladies ; que le problème
fondamental de ces dernières est la découverte du besoin qu'elles
voilent, et la détermination des moyens qui en aident et en assu-
rent la satisfaction.

Reste-t-il à présent quelques doutes qu'avant les crises laborieuses de tant de guérisons spontanées, un appel fait vers le point
où le mal s'est venu résoudre, une provocation adressée aux synergies qui en ont délivré le système n'eût abrégé les épreuves
du patient, honoré l'art et fait bénir l'artiste ?

N'est-il pas certain que dans beaucoup de cas curables par les
efforts de la nature et les sollicitations appropriées dont il s'agit,
cette unique chance est enlevée à un malheureux, parce qu'on ignore
l'aspiration médicatrice dont ses angoisses sont le signe, et qu'on
ne peut dès-lors la seconder ?

Le diagnostic se confond, de cette manière, avec l'étiologie dont
il procède. Il se présente, ainsi entendu, sous un point de vue bien
insolite, et pourtant réel et fécond. Il s'élève jusqu'au phénomène
initial et générateur de la fonction morbide ; il lui arrache son
masque, et il fait sortir du signalement de sa cause ses indications
véritables. Il y a loin des données du sthétoscope et du plessi-
mètre, du microscope et des réactifs acides et alcalins si chers à la
clinique moderne, à ces révélations étiologiques. Gardons-nous
cependant de dépriser les explorations organiques et d'en méconnaître les services ; mais n'oublions pas non plus leur insuffisance.
Elles sont lettres mortes pour qui ne sait pas les vivifier par la
science du dynamisme animateur. Celui-ci est l'objet de la méta-
physique vitale, doctrine qu'on ne bafoue plus autant, à laquelle
beaucoup reviennent, et dont on peut prédire la prochaine réha-

bilitation. La médecine un peu sceptique du moment a les qualités de ses défauts : elle n'affirme ni ne nie plus rien avec passion, et prend volontiers son bien partout où il s'offre à elle. De la foi étroite des sectaires du physiologisme et de l'anatomisme, elle est arrivée au travers du *que sais-je ?* de Montaigne au *ce pourrait bien être* de Fontenelle, et une notion nouvelle ou renouvelée a plus de charmes pour nous qu'un théorème classique. On a toujours un peu l'esprit de son temps, et je vais dire à quelle occasion je fus éclairé par la lumière que je ne voudrais pas laisser sous le boisseau. Je me plais à rappeler les circonstances cliniques où mes yeux se dessillèrent, dans l'espoir qu'elles produiront sur le lecteur l'impression qu'elles firent sur moi.

Mlle L. B., âgée de 18 ans et jusques là bien portante, toussait depuis quelques mois, au printemps de 1845 ; elle commençait alors à maigrir. Son haleine était courte, son pouls fréquent, sa peau chaude et sèche, et sa menstruation irrégulière ; le dessous des clavicules résonnait bien ainsi que le reste du thorax, mais le bruit respiratoire était rude au sommet des deux poumons et laissait entendre quelques craquements humides à la fin des fortes inspirations. Les pressentiments de la malade étaient sinistres, les craintes de la famille et les miennes plus sérieuses de jour en jour.

Cet état ne s'améliorait pas le moins du monde sous l'influence du repos, d'un régime doux, du lait d'ânesse, des divers béchiques, des saignées générales ni locales. L'opium et les succédanés ne calmaient pas la toux, la digitale n'enrayait pas la circulation, le sel marin et autres spécifiques alors en crédit se montraient sans vertu. Nous n'avions aucun antécédent médicateur à exploiter, aucun molimen actuel du même genre à seconder, point d'aspiration de l'instinct qui nous mît sur une meilleure voie thérapeutique, et je faisais tristement, sans boussole et sans espérance, la médecine du symptôme.

Sur ces entrefaites, le père B., que je voyais journellement auprès de sa fille, me montra une squammeuse humide qu'il portait depuis longtemps à ses deux mollets, et qui prenait alors des proportions inquiétantes. Je me rappelai que cette affection était commune à plusieurs membres de sa famille, et notamment à un de ses fils qui avait avec lui et avec le sujet de cette observation de singulières analogies organiques et vitales. L'hérédité me révélait donc à la fois le génie du mal de la fille et la solution heureuse dont il était susceptible. Au diagnostic stérile d'une tuberculisation commençante se substituait de lui-même le diagnostic du besoin non satisfait d'une sécrétion herpétique, et l'indication formelle de solliciter les synergies opératrices de cette dépuration.

J'envoyai Mlle B. aux eaux sulfureuses de Vaqueyras : je les lui avais prescrites tant en boissons que sous forme de bains de vapeur. Le médecin distingué de cet établissement, M. Bourbousson, fut d'abord scandalisé de mon ordonnance : il en ignorait les motifs et craignait de soumettre à l'action trop périphérique de ses eaux une consomption irrévocable. Le succès me donna gain de cause. La fièvre cessa au milieu des circonstances qui semblaient devoir l'aggraver ; les autres symptômes s'amendèrent ; la diaphorèse commença par suppléer l'éruption qui vint plus tard aux deux bras ; les vésicatoires et l'usage interne d'une décoction de quinquina, longtemps continué, en aidèrent l'établissement et la rendirent plus abondante. Mlle L. B. est aujourd'hui une femme obèse.

Il fallut remonter aux parents du sujet pour déterminer le génie de son affection. Celle-ci une fois reconnue, réfléchit les lumières qu'elle avait reçues sur un autre frère de la malade dont la situation a été plus tard analogue. Ce jeune homme a beaucoup toussé ; il a même eu deux hémophthysies, sans que sa peau ait jamais répondu à aucun appel, sans qu'il soit non plus devenu phthysique. L'herpes qui l'eût sans doute dispensé de ses bronchites n'a pu se constituer ; l'expectoration et un exutoire en ont tenu lieu, et la santé est redevenue bonne. Le frère a échappé à la consomption comme la sœur, mais il est resté maigre dans une famille dont tous les membres sont gras.

Veut-on, à l'état aigu et avec des désordres autrement graves, un problème clinique semblable, on le trouvera dans le fait suivant. La nature du mal y est seulement plus obscure ; aussi la thérapeutique commence-t-elle par se fourvoyer à son encontre, et, lorsque éclairée par ses revers elle rentre dans la bonne voie, c'est sans en voir le terme et sans en soupçonner l'aboutissant.

Paul P., ouvrier tanneur, âgé de 23 ans, achève son tour de France à la fin de 1841. Il troque la vie errante et les rudes labeurs du compagnonage contre les habitudes sédentaires et à peu près oisives du marchand de cuir. C'est un homme au teint livide et à l'œil terne, de taille et d'embonpoint ordinaires, habituellement bien portant sous des apparences cachectiques. Peu de mois après le changement de sa vie, il tombe malade et me requiert. Je le vois dans l'après-midi du 17 avril 1842. Il a la tête très douloureuse, la face turgescente, les yeux injectés, la peau brûlante, le pouls fort et fréquent, les membres brisés. Je le laisse à la limonade et au repos. La soirée et la nuit sont mauvaises, et le lendemain la fièvre et la fluxion vers la tête étant les mêmes, la saignée me paraît urgente, et j'ouvre une veine du pli du bras. Le sang jaillit bien, et j'en tire environ 400 grammes. Cette soustraction amène une syncope qui m'inquiète par sa profondeur et par sa durée, et dont le malade sort avec peine. La connaissance lui revient enfin, non les forces, ni la fièvre, ni la rougeur de la face et des yeux. Il ne lui reste de l'hypérémie du visage qu'une sorte de dilatation variqueuse des veinules superficielles des joues ; mais au milieu de ce collapsus, la douleur de tête sévit avec plus de violence : elle se propage au rachis et se fait surtout sentir au front et aux lombes. Ce phénomène, que les accidents initiaux portent à considérer comme le résultat d'une congestion, est vainement combattu par des sinapismes aux mollets et des vésicatoires au bras, par un lavement purgatif ; il continue à s'aggraver. En même temps la chaleur de la peau s'abaisse au dessous du degré normal, le pouls tombe à 56, et la vie est prochainement menacée. Un confrère vient à mon aide et voit les résultats du traitement d'un autre œil que moi. Il s'explique, par les progrès naturels de la maladie, la physionomie plus fâcheuse qu'elle a prise après la saignée, et, fort d'un antécédent hémorhoïdaire du sujet, il insiste vivement pour une application de sangsues à l'anus. Je me rends, et cette deuxième déplétion est accompagnée d'une nouvelle exacerbation de la douleur de la tête et des lombes ; le pouls devient assez lent pour faire craindre un ramollissement des centres nerveux.

Il ne pouvait y avoir de doutes dans un esprit libre de préventions. Les antiphlogistiques avaient nui, les saignées avaient opprimé un effort médicateur : il fallait rendre à l'économie les forces nécessaires à l'opération que nous avions arrêtée. La langue était normale et le tube digestif irréprochable. A la place du petit lait, des bains émollients et de l'abstinence, nous prescrivîmes de l'eau vineuse, du bouillon de bœuf et une décoction de quinquina. Une amélioration notable se manifesta dès le premier jour, chose rare dans le plus heureux virement de bord, la douleur et les angoisses diminuaient à mesure que nous relevions le ton vital de l'organisme. Enhardis par le succès, nous insistâmes sur la médication et le régime fortifiants, sans savoir à quelle crise ils nous menaient, ni si nous devions en avoir une. Cette dernière se fit peu attendre. Ce que j'avais pris, au début de la maladie, pour une simple congestion de la face, était la fluxion préparatoire d'une dartre suppurante. Les deux joues, d'abord érysipélateuses, se couvrirent en quelques jours de pustules confluentes, tout danger disparut rapidement, et l'affection cérébro-spinale se réduisit, en moins de deux septénaires, à une crustacée flavescente. P. P. la garda longtemps, et comme elle le défigurait, il finit par la maudire et nous en vouloir de ce que nous l'avions suscitée. Il a passé plusieurs saisons aux eaux minérales sulfureuses pour la guérir, et n'est guères parvenu qu'à la déplacer. Elle occupe à présent la face palmaire de ses deux avant-bras. Il vit depuis de la vie commune, mais il est resté mou et cachectique.

Qu'avions-nous, dans l'espèce, pour nous orienter et nous conduire? un mouvement fluxionnaire si redoutable en soi, que nous dûmes en méconnaître le génie et en arrêter l'essor. L'alluvion pathologique qu'il avait laissé dans le réseau capillaire des pommettes n'avait rien de caractéristique. Ce ne fut qu'*à juvantibus et ledentibus* que nous distinguâmes la mauvaise voie de la bonne. Nous arrivâmes au bout de cette dernière sans nous douter de l'issue par laquelle nous étions ramenés à la santé, et nous n'eûmes, ainsi qu'en algèbre, la valeur de l'inconnue qu'à la fin de l'opération.

Les besoins morbides du système vivant ne sont pas tellement admis en principe et distingués en fait, qu'on soit dispensé d'en relater ici les principales espèces ; celles qui précèdent se renferment et s'épuisent dans le cercle vital. En voici une plus curieuse à ce titre que le besoin en souffrance était une fonction de l'automatisme, et que les désordres symptomatiques de son oppression furent une aliénation mentale.

M. J. était, en avril 1835, un célibataire qui vivait aisé et paisible, et dont la santé n'avait pas eu jusque là d'atteinte sérieuse. Le moral du vieux garçon était seulement d'une irritabilité de prime-saut qui l'emportait à la moindre contradiction, mais en paroles et pas au-delà des premières... Or, il advint qu'à l'époque dont je parle, il y a maintenant dix-sept ans, M. J. devint morose, perdit le sommeil et l'appétit, et fut tourmenté par des hallucinations. Il sentit sa raison lui échapper, se nomma un tuteur pour le temps de sa minorité mentale et perdit l'esprit. Ses craintes et ses prévisions avaient été d'autant plus fondées que la folie était héréditaire dans sa famille. Elle se manifesta chez lui par une inquiétude vitale et morale indicible, par l'incohérence des visions et des idées, par une insomnie rebelle, par des querelles sans objet à ses gardes et à l'assistance, par des tentatives incessantes pour s'échapper de son lit et de sa chambre ; il fallut le garder à vue. Les aberrations du sens intime se compliquaient d'anorexie et de fièvre. Le malade, convaincu de la fatalité de son état, se refusait à toute médication, même dans ses moments lucides. Je parvins pourtant à le saigner et à lui faire prendre quelques bains tièdes ; je le mis à l'usage d'une boisson tempérante, et après douze jours d'abstinence absolue, au régime lacté. Il fut également purgé deux fois, à huit jours d'intervalle, avec de l'huile de ricin. Une consultation eut alors lieu ; le traitement fut continué sur les mêmes bases, et on y ajouta un séton à la nuque. Nous voyions, dans l'espèce, une cérébrite en voie de résolution, et, organiciens conséquents, nous lui opposions la dérivation après la saignée et les révulsifs, comme nous aurions fait à une ophthalmie ou à un phlegmon.

L'amélioration déjà obtenue se soutint à travers des alternatives de mieux et de moins bien ; l'animalité avait repris sa quiétude ; le sommeil était facile et les digestions passables, mais la pensée restait en déroute. Le séton avait un mois de date et nous touchions à la chronicité. Je désespérais du retour à la raison, quand une diarrhée séreuse s'établit spontanément ; le bien-être et l'appétit la suivirent de près. Le malade, jusque là découragé, se sentit renaître à la santé du corps et de l'esprit ; il eut la conscience d'une crise complète. Sa folie avait été définitivement jugée par un flux intestinal.

Faut-il voir, dans cette heureuse solution, une distraction médicatrice ou un irrémissible besoin enfin satisfait ? Nous avons justifié plus haut cette distinction. Il est difficile de l'établir à l'hôpital où on ignore les antécédents des malades et où on les perd de vue après leur sortie ; mais il est aisé de le faire dans la pratique privée, et notamment dans le cas de M. J. qui est resté sous mes yeux et dont j'administre depuis la santé. La diarrhée est toujours la condition de son intégrité mentale ; sombre et délirant quand elle lui manque, il reprend avec elle sa sérénité. Or, le mécanisme, disons mieux, le progrès caché de cette subordination est loin d'être celui au moyen duquel une saignée du pied ou un cours de ventre détournent du cerveau une congestion préexistante. Au lieu de s'immoler pour la tête, il est certain que l'appareil digestif travaille ici pour son propre compte. L'abdomen se tend en effet et devient douloureux quand les selles perdent leur liquidité ; en même temps l'appétit fait défaut, les hypochondres et la tête s'embarrassent enfin, parce que le ventre manque de la liberté dont il a besoin. Il s'agit donc, dans l'espèce d'une folie symptomatique, de la sécheresse et de la rareté de garderobes qui doivent couler abondamment.

L'efficacité souveraine du dévoiement est donc relative, chez M. J., au principe de son inquiétude vitale et de sa folie. J'ai présenté, il y a deux ans, à M. le professeur Lordat, une jeune femme dont le cas était analogue. Prédisposée à l'aliénation mentale par l'hérédité, elle était en proie, depuis plusieurs années, à un malaise protéiforme de l'automatisme et à une impotence douloureuse du bras droit qui désolaient et menaçaient prochainement le sens intime. Le premier anneau de cette chaîne de désordres était, pour un médecin exercé aux analyses étiologiques, le desirata d'un flux diarrhéique naturel à la malade, mais parfois difficile et sujet à de longues rémissions.

Est-ce à dire que les purgatifs et les bénéfices de nature constituent la panacée de la folie ? l'expérience répond que, parasites ou vainement distractifs dans la plupart des affections mentales, ils guérissent celles-là seules qui tiennent à la nécessité et à l'absence d'une décharge fluxionnaire sur l'intestin. C'est sans doute à l'observation exacte et à la généralisation arbitraire de leurs succès qu'on doit attribuer l'antique renom de l'ellébore, l'abus qu'on en fit, et par suite le discrédit où il est tombé.

Une induction rigoureuse nous a conduits au besoin non satisfait d'une supersécrétion abdominale, comme au phénomène initial et à la cause d'une espèce de l'aliénation mentale. Est-il, du reste, étonnant que l'activité vitale puisse pécher par omissions ainsi que l'âme, et qu'après avoir failli de cette manière, elle pâtisse jusqu'à une réparation ? L'étiologie en question est d'autant plus acceptable qu'elle est commune à beaucoup de maux ; et pour nous renfermer dans ceux qui relèvent de la médecine et qui se rapportent à l'omission spéciale dont il vient d'être parlé, qui n'a pas vu l'appétit, le pouvoir de digérer et le bien-être de l'entier vivant, subordonnés à la liquidité et à l'abondance des garderobes? Je donne des soins, dans le moment, à une femme de 61 ans, qui depuis l'âge de 49 est logée à cette enseigne. Le dévoiement rend bien la pauvre vieille un peu infirme, mais il est le moindre de ses maux inévitables. Les selles moulées, et surtout la constipation, sont constamment suivies chez elle d'anorexie, de sécheresse à la bouche, et d'un gonflement douloureux de la zone épigastrique. Que le ventre se resserre spontanément ou au moyen des opiacés, les accidents sont les mêmes. Ils sévissent à présent (août 1852) avec une intensité dont la courge et le melon commencent à faire justice.

On me permettra de relater ici une observation analogue, où l'indication laxative également impérieuse était fort obscure. Je fus consulté, dans les premiers jours de septembre 1851, par un cultivateur de l'Etang, affligé d'une insomnie rebelle. Cet homme avait l'esprit et le cœur paisibles ; ce n'étaient pas des peines morales qui le tenaient éveillé ; elles procédaient toutes de ses nuits blanches. Il n'avait ni douleur ni conscience d'une inquiétude vitale qui empêchât la trève ordinaire de ses puissances actives ; l'insomnie était le seul désordre appréciable de sa santé. Ses besoins physiologiques étaient satisfaits ; il n'avait pas d'antecédent qui en révélât de morbides ; il n'avait point de molimen actuel qui appelât le médecin au secours d'un effort médicateur impuissant. Je prescrivis vainement les bains tièdes, les bouillons de veau, l'extrait thébaïque, le castoreum. Tempérants, sédatifs, antispasmodiques et narcotiques échouèrent également. Je me remis alors à la recherche du phénomène initial de cette veille obstinée, et je trouvai le mot de l'énigme. Le sujet avait eu presque toute sa vie, une ou deux fois l'année, la diarrhée pendant une quinzaine de jours. Le dérangement du ventre venait sans cause extérieure et passait de même après avoir un peu déprimé les forces : depuis deux ans il n'avait pas reparu. Le malade n'attachait aucune importance à ce bénéfice de nature et n'avait pas songé à m'en parler ; j'en provoquai vainement le retour par des purgatifs, mais des raisins pris le matin à la souche et mangés sur place à la rosée ramenèrent, au bout de quelques jours, les évacuations liquides et le sommeil.

Il y a donc des affections rebelles, témoins celles dont nous venons de faire l'histoire, et il serait aisé d'en grossir le nombre qui ne sont améliorées par aucun traitement et qui cèdent à la diarrhée seule. Ces crises sont malheureusement plus communes dans les fastes de la nature médicatrice que dans ceux de l'art. C'est la faute des artistes, qui s'obstinent à ne voir en elles que des révulsions, et qui, par une crainte exagérée de la gastro-entérite, les abandonnent aux empyriques. La drogue Leroy, l'aloës, tant d'eaux minérales salines, n'ont pourtant pas fait que des victimes. Or si, administrés au hasard, les purgatifs ont eu de si grands succès, que n'auraient-ils pas fait entre des mains dont l'audace se serait inspirée d'une indication comme celle dont il s'agit ! Leurs services eussent été plus nombreux et environnés de moins de périls. Qu'on regarde, du reste, de près à ces cures inespérées ; en dehors de celles qui ont été produites par la violence téméraire de la révulsion ou par une appropriation exacte du remède aux pentes médicatrices des individus, on en trouve une catégorie originale où la guérison est due à la satisfaction tardive des besoins morbides des malades. Ces dernières sont loin d'être rares, et elles deviendront plus nombreuses et plus sûres quand les praticiens se rendront mieux compte de leurs conditions, de ce que Bacon aurait appelé leur progrès caché.

Le flux hémorrhoïdaire donne lieu aux mêmes observations que la diarrhée, et il se montre plus souvent qu'elle salutaire. Tantôt il précède les désordres pathologiques dont il est le préservatif, et on le respecte comme une sorte de lessive dépurative ; tantôt il les accompagne, les contient, les supprime, ou se laisse arrêter par eux. C'est lorsqu'il rétrocède et que son opportunité présente est attestée par l'heureux résultat de ses apparitions antérieures, qu'on cherche à le rappeler et qu'on l'oppose aux accidents de la maladie. Mais si les efforts constitutifs d'une hémorrhagie anale peuvent faire défaut dans le dynamisme qui les a déjà réalisés, à combien plus forte raison ne peuvent-ils pas demeurer stériles dans l'économie qui en éprouve pour la première fois le besoin et qui pâtit de leur impuissance ! Il est par trop clair que la détermination de ce besoin est alors l'affaire capitale du diagnostic et la source des indications.

Agiterait-on la question de savoir si le système vivant, pour lequel la fluxion dont il s'agit est une nécessité irrémissible, peut n'avoir pas la force de l'accomplir ? le doute serait sur ce point facile à lever. On voit d'abord, en faveur de l'affirmative, des analogies victorieuses. Que de filles n'y a-t-il pas, à l'époque de la puberté, qui ne parviennent pas à être réglées ou ne le sont jamais qu'avec peine ! et quand une longue habitude a discipliné les synergies relatives à l'hémorrhagie périodique et rendu leur œuvre si facile, que d'aménorrhées n'a-t-on pas à constater et à réduire ! Ne répugne-t-il pas, à priori, qu'une élimination accidentelle et anormale soit plus infaillible dans sa venue et dans ses retours qu'une sécrétion physiologique à la régularité de laquelle la santé d'une moitié de l'espèce est étroitement liée ?

L'expérience journalière dépose dans le même sens. Le retard d'un flux hémorroïdaire habituel est souvent décélé par une céphalalgie, une oppression, une tension hypochondriaque qui l'annoncent d'ordinaire et qui témoignent, depuis plus ou moins de temps, de ses difficultés et de son urgence.

A défaut de ses satisfactions antérieures, nous avons d'autres fois, pour déterminer le besoin en question, un molimen caractéristique.

Enfin ces deux signes peuvent manquer ; l'âge, le tempérament, l'hérédité, d'anciennes épistaxis n'en pas tenir lieu, et la nécessité d'une hémorrhagie anale être aussi réelle, aussi impérieuse. Elle est alors ignorée, et les expressions symptomatiques restent indéfiniment incomprises. Mais que les tendances vitales, mieux co-

Supposons que le premier pas ait été fait heureusement dans cette voie. Les angoisses du patient sont rapportées à l'étiologie qui nous occupe. Comment démêler à présent les espèces de cette étiologie ? comment distinguer les cris des divers besoins ? L'énigme est souvent comme celle du sphynx : il faut la deviner ou périr. On en trouverait aisément le mot si chaque besoin en souffrance avait un langage symptomatique qui lui fût propre, si des expressions pathologiques identiques n'avaient pas un sens différent suivant les circonstances et les sujets ; mais la force vitale est, sous ce rapport, comme la puissance morale : ses idiosyncrosies individuelles sont incalculables ; elle est susceptible d'une grande variété de modes morbides à l'encontre d'une satisfaction qui lui manque, et d'une inquiétude indiscernable au milieu de contrariétés fort diverses.

Le signalement d'une aspiration médicatrice ne ressort donc pas aussi nettement que l'affection d'un organe, d'un certain ensemble de troubles fonctionnels et de lésions anatomiques. Quand ces données ne sont pas contradictoires, elles constituent de simples indices, des présomptions plus ou moins sérieuses. Or voici, en l'absence d'une crise antérieure ou imminente, les moyens de s'orienter. Le premier consiste dans la connaissance des dispositions héréditaires du malade ; c'est de cette connaissance que nous verrons tout à l'heure M. Baumès faire sortir les indications curatives dans une observation bien remarquable. Hâtons-nous pourtant d'en convenir, les antécédents généalogiques sont ordinairement malaisés, parfois impossibles à obtenir. Il en est ainsi au moins dans les grands centres de populations où médecins et malades figurent et passent plus qu'ils ne demeurent. Dans les petites villes la difficulté s'amoindrit ; l'homme de l'art y pratique toute sa vie ; il voit s'acheminer devant lui et à ses côtés deux ou trois générations, et il trouve souvent dans l'histoire d'une famille l'explication des problèmes morbides de ses rejetons. S'il a vu chez les parents une fonction accidentelle de l'ordre conservateur et qu'il ait à traiter chez l'un des enfants une affection rebelle, il a une indication majeure à soupçonner et à vérifier : si la santé du père ou de l'aïeul, d'abord mauvaise, est devenue bonne après l'établissement spontané de quelque émonctoire et que l'économie du fils soit actuellement tourmentée par le travail sourd d'une élimination indéterminée, le médecin qui peut faire ce rapprochement sait où la nature veut aller et où la thérapeutique doit la conduire. C'est ainsi que les squammeuses humides du père B. me révélèrent le secret de la toux opiniâtre de sa fille. Fouquet eût certainement compris la signification cachée de ses palpitations et de ses vertiges, s'il avait vu les mêmes phénomènes préluder, en quelqu'un de ses ascendants, à une fluxion hémorrhoïdaire. L'expérience, qui nous fait craindre la transmission de tant de principes de dégradations et de ruine, nous apprend également à les épuiser et à les résoudre dans les diverticulum qui en délivrèrent les générations précédentes. On ne possède bien le dogme de l'hérédité qu'après l'avoir envisagé sous ces deux aspects. A côté de la triste hérédité des maux, n'oublions jamais l'hérédité rassurante de certaines aptitudes médicatrices; ce sont là des fils précieux qu'il faut suivre, et à leur défaut suppléer par d'autres.

Ceux-ci se rattachent à plusieurs chefs; à l'âge d'abord. On sait que chacune des grandes périodes de la vie a une décharge humorale, une lessive organique qui lui est plus familière : l'enfance est coutumière du favus et des éruptions fébriles; l'adolescence et la jeunesse sont plus sujettes aux épistaxis et aux fontes glandulaires; la virilité aux hémorrhoïdes, aux éliminations goutteuses et aux dartres; la vieillesse à ces dernières et aux catarrhes; toutes les phases de l'existence à la diarrhée.

On regarde donc à l'âge du sujet quand il s'agit de découvrir le besoin morbide qui est chez lui en souffrance, l'aspiration dynamique qui veut être secondée, la distraction salutaire dont ses forces agissantes sont susceptibles. Au reste, les indications que l'on tire de l'âge et de l'hérédité, dans les cas obscurs, doivent concorder; on peut même dire que, sous ce rapport, l'âge est un simple point de vue de l'hérédité, les dispositions innées demeurant d'ordinaire latentes chez les enfants jusqu'à l'époque de la vie où elles firent explosion chez les parents. La pratique des grands maîtres est, sur ce point de doctrine diagnostique, beaucoup plus explicite que leurs préceptes. Voici, par exemple, de quelle manière le savant auteur du *précis des diathèses* exploite les données auxquelles nous faisons allusion; laissons parler M. Baumès : « Il s'agissait d'un individu d'un tempérament bilieux-sanguin, d'une constitution forte, sèche, *dont les ascendants étaient rhumatisans et goutteux, et c'est dès l'âge de 25 ans que commençait ordinairement à se produire chez eux la diathèse.* Cet individu contracte, à dix-huit ans, une bleunorrhagie pour laquelle il se fait traiter par un empyrique. A la suite de l'administration de divers remèdes très excitants et d'une assez grande quantité de pilules mercurielles, pendant laquelle le malade continuait de temps en temps à voir des femmes et à se livrer à des écarts de régime, son écoulement bleunorrhagique se tarit après avoir duré trois mois. Mais il commence à éprouver alors une irritation très grande au larynx et à l'estomac. Sa voix se voile parfois; sa digestion s'altère; il sent une douleur constante vers le grand lobe du foie; son teint jaunit un peu. Tous ces accidents se perpétuent, s'exaspèrent même fréquemment, le malade ne se soumettant jamais à un régime convenable et continuant, au contraire, à se livrer à des excès.

» Cependant le mal allant toujours en augmentant, il vient me consulter, et se soumet à divers traitements antiphlogistiques adoucissants que je lui prescris, mais qui n'obtiennent que des améliorations passagères. Le malade, obligé d'ailleurs de continuer ses travaux, ses fonctions d'avocat, reste ainsi *huit ans* en proie à des douleurs qu'il rapporte à l'épigastre, au larynx, au foie, avec influence sur son caractère qui était devenu inquiet, morose.

» D'après l'étude de *ses antécédents de famille, soupçonnant chez lui une diathèse goutteuse ou rhumatismale masquée,* je lui propose d'aller aux eaux de Vichy, chose à laquelle j'ai beaucoup de peine à le faire consentir. Enfin il s'y rend; il y reste un mois, pendant lequel, sous l'influence des eaux qui lui sont convenablement administrées par le docteur Prunelle, se manifeste une douleur avec rougeur au talon droit, puis au gros orteil, puis au genou et dans d'autres articulations; les maux antérieurs cessent. Cet individu, depuis son retour des eaux, est resté soumis à la diathèse rhumatismale, à manifestations franchement articulaires, et jouit, sous tous les autres rapports, d'une bonne santé.

» On voit ici que la diathèse rhumatismale ou goutteuse ne s'était pas encore manifestée chez cet individu quand, à dix-huit ans, il a contracté la maladie mentionnée qui, mal traitée, a déterminé des phénomènes d'irritation intérieure. Ceux-ci ont masqué la diathèse, laquelle, détournée de ses voies ordinaires de décharge, contribuait à entretenir le mal, le faisait revenir après chaque amélioration passagère obtenue par un traitement convenable, et n'a montré clairement sa nature que sous l'influence de la secousse imprimée à l'organisme par les eaux très actives de Vichy. » (*Précis des diathèses*, pages 86 à 88.)

Les considérations relatives à l'hérédité et à l'âge sont souvent corroborées par celles du tempérament. Nous dirons, sans crainte d'exagérer ces dernières, qu'à défaut d'autres indices, à probabilités égales d'ailleurs, on demande plus volontiers des hémorrhagies à l'homme sanguin, des sécrétions humorales aux constitutions cachectiques; on tient surtout grand compte des pentes vitales de chacun et de ses idiosyncrasies. Il y a tel malade dont les efforts opératifs aboutissent d'ordinaire à une sueur ; on en voit chez lesquels ils se résolvent plus naturellement en une diarrhée, une phlehmorrhagie pulmonaire, une éruption de furoncles ou des plaques eczémateuses. Certaines habitudes de mollesse et d'intempérance nous feront prévoir et aider une attaque de goutte régulière. Que si après ces divers moyens d'interrogation et de correction le dynamisme vivant reste muet et ne révèle point sa diathèse cachée, si les phénomènes morbides conservent une opiniâtreté dont la cause échappe, on recourt avec avantage aux eaux minérales chaudes, sulfureuses ou salines les plus actives. C'est le meilleur moyen, d'après M. Baumès, de restituer, à ses voies ordinaires de décharge, un mouvement fluxionnaire déraillé. Cette pratique est dans l'esprit de la méthode imitatrice de Barthez. Il n'est pas rare, en effet, qu'au milieu d'un drame morbide dont le sens et le dénouement sont restés impénétrables, un phénomène intercurrent, qui a l'air d'un épisode, vienne spontanément éclairer les ténèbres du diagnostic et suggérer les indications. C'est ainsi qu'une sciatique très douloureuse m'a révélé récemment, pour le plus grand bien du malade, la nature rhumatismale d'une gastralgie qui le désolait depuis des années.

Les dispositions internes que nous venons d'indiquer spécifient l'étiologie et le traitement des affections qu'elles dominent. Le germe de la plupart d'entre elles est héréditaire ; quelques unes, cependant, procèdent des milieux dans lesquels elles se développent, de l'agglomération d'un grand nombre d'individus dans des habitations malsaines, de certains genres de travaux, d'alimentation, d'excès, de passions violentes. La nature de la cause pénètre alors l'affection tout entière et lui imprime des tendances vers les solutions heureuses ou les haltes qu'elle comporte ; ce seront, suivant les circonstances, des fontes glandulaires, des dépôts divers, des flux diarrhéiques. Les conditions d'existence de la maladie décèlent ici celles de la guérison.

Il en est de même des influences extérieures de l'ordre des circumfusa, qui pèsent d'un grand poids sur la marche et les modes si variés de terminaison des maladies aiguës. Qui ne sait, par exemple, qu'une pléthore bilieuse a plus de propension à se juger par des selles en hiver et par des vomissements en été, et que si la crise a besoin d'être aidée c'est par un minoratif dans la première saison et par un émétique dans la seconde ? Les indications tirées du climat sous lequel on pratique ont également de l'importance. Considérez l'Espagne ; la plupart des maladies s'y accommodent bien de la saignée : les barbiers l'y pratiquent d'office avant l'arrivée de l'homme de l'art, tandis qu'il y a des contrées où l'ouverture de la veine est une opération grave à laquelle on ne recourt guères qu'après une consultation. — Le calomel est, sous le ciel brumeux de l'Angleterre, la panacée qu'est la saignée de l'autre côté des Pyrénées, et entre ces deux extrêmes le tartre stibié trouve plus souvent son opportunité à Montpellier qu'à Paris. On abuse peut-être, en chaque pays, des médications qui y sont usuelles, mais l'abus procède partout de la légitimité de l'usage. La sagesse de celui-ci, quand il est très général, ne saurait donc être contestée ; l'opposition des pratiques qui en découlent n'a rien qui doive étonner. Le climat imprime à l'homme son cachet, il le refait à son image, il est partie intégrante de son activité normale et morbide, et il faut compter avec lui, en thérapeutique comme en hygiène.

Les épidémies, les constitutions annuelles et stationnaires sont d'autres pressions du monde extérieur sur le dynamisme de l'homme ; leur pouvoir est une des banalités de la clinique : il est en même temps l'explication des succès et de la vogue qu'ont eus, à des époques célèbres, des systèmes de traitement, plus tard moins heureux et à peu près délaissés. Ces constitutions communiquent aux forces vivantes des modes affectifs et réactifs insolites ; elles changent leurs mobiles, leurs allures, leurs aboutissants ; elles leur créent d'autres périls, d'autres besoins, d'autres ressources ;

elles sont donc un des flambeaux de la thérapeutique, et elles prennent part, à ce titre, au gouvernement de la pratique.

Nous venons d'énumérer les principaux moyens d'orientation qui servent à dévoiler les besoins obscurs du système vivant, et à provoquer leur satisfaction. La probabilité des indications ainsi obtenues est grande quand elles sont univoques, et on les remplit avec confiance : elle est faible quand elles sont discordantes ou contradictoires. On s'attache alors à la plus vraisemblable, et on les vérifie en les expérimentant l'une après l'autre, jusqu'à ce qu'on ait rencontré la vraie. C'est, du reste, ainsi qu'on procède en une science bien fière de sa certitude, je veux dire en algèbre, pour trouver la valeur de l'inconnue dans les équations indéterminées.

N'est-ce pas une chose digne de remarque que la plupart des médications héroïques aient des effets immédiats semblables aux spontanéités curatives les plus ordinaires ? Les hémorrhagies sont représentées par la saignée, les bénéfices de nature par les purgatifs et les émétiques, les sueurs critiques par les diaphorétiques, les flux humoraux et les éruptions cutanées par les épispastiques et les cautères.

Ce rapprochement fait justice des accusations dont la médecine est l'objet de la part des hérétiques du moment. Des novateurs qui réduisent la connaissance de la maladie à la daguerréotypie de ses symptômes et son traitement à la prétendue loi des semblables, ont peu de soucis des procédés de la nature et de leur imitation. Pour nous, qui avons horreur de la fantaisie dans le domaine de l'observation, nous tiendrons les fiévreux à la diète aussi longtemps que nous verrons l'instinct de la bête, étranger sans doute à l'esprit de système, répugner à l'alimentation dans l'acuité des pyrexies. Nous continuerons à saigner ceux-ci, à purger et à émétiser ceux-là, à délayer simplement les autres, tant que les formes individuelles de leurs maux, abandonnées à elles-mêmes, se résoudront mieux par des hémorrhagies, des flux diarrhéiques, des vomissements, ou par l'abstinence. Les yeux toujours fixés sur les spontanéités médicatrices de notre modèle, nous nous attachons à la recherche de leurs conditions, à l'applanissement de leurs obstacles, à la détermination de leurs voies et moyens, à la multiplication de leurs espèces. De même que l'autonomie vivante ne réalise pas indifféremment les efforts réparateurs dont elle est capable,

les médecins qui sont-ses ministres doivent faire comme elle et
approprier leurs agents aux inclinations dynamiques et aux besoins des sujets. Quand on a bien compris cette vérité, on affirme
de la thérapeutique le contraire de ce que Voltaire a dit du théâtre :
« On affirme qu'il vaut mieux pour elle frapper juste que frapper
fort. » L'aphorisme si souvent cité : *Duobus laboribus simul obor-
tis vehementior obscurat alterum* a fait illusion à beaucoup d'ob-
servateurs. Il ne s'agit pas, dans la pensée d'Hippocrate, de l'antagonisme des affections, il s'agit de l'antagonisme des fonctions
pathologiques ; et l'aphorisme se borne à affirmer que la plus vé-
hémente masque la plus faible, il ne dit pas qu'elle la supprime.
Une vaste brûlure enchaîne, par exemple, une épilepsie incurable,
et en suspend les accès tant que dure la suppuration ; une entérite
qui complique une phthysie en obscurcit les symptômes de manière
à la rejeter sur le second plan et à la laisser même inaperçue.
Mais tout se passe ici dans la phénoménologie extérieure et dans
les forces agissantes. Les virtualités morbides demeurent intactes
quoiques latentes, et n'en consomment pas moins la ruine de
l'économie. Ce qui gouverne la révulsion, son principe supérieur,
est bien plutôt l'appropriation, la convenance des efforts distractifs, que leur énergie. Si, dans l'ordre moral, ou veut tirer l'âme
des idées fixes auxquelles elle s'abandonne, toute impression forte
est bonne pour la rappeler un instant à elle-même : c'est l'histoire
du sinapisme dans la sphère vitale. Mais que le désordre intellec-
tuel soit chronique, qu'il s'agisse d'une aliénation véritable, croira-
t-on pouvoir lui substituer la première préoccupation qu'on aura
jugée plus dominatrice en soi ? ne faudra-t-il pas savoir, avant tout,
quelles sont les inclinations naturelles de cette puissance morale,
quels étaient les sentiments et les pensées qui avaient le plus
d'empire sur elle, quelle est enfin la diversion dont elle est le plus
susceptible ? Parmi ces nombreux aliénés dont le délire a la même
forme, l'un n'est plus accessible qu'à la crainte, l'autre obéit encore à la voix de l'honneur et du devoir ; celui-ci se laisse charmer
par les douceurs de la famille que son compagnon d'infortune
abhorre ; ce dernier est sensible au spectacle de la nature ; celui-
là ne se livre à la causerie que sur un objet de prédilection. On
ne parle pas de Dieu à un mécréant, de littérature à un ignorant,
ni de beaux arts à un barbare : on effleurerait à peine cette âme

qu'on veut ravir à elle-même et remettre dans sa voie. Pour la pénétrer de nouveaux modes actifs et pathétiques, on commence par s'enquérir de ceux qui lui sourient et lui offrent le plus d'attraits. Impossible avant cette détermination, le succès des plus fortes distractions est difficile après elle : il doit être longuement préparé et patiemment attendu. Mais si la folie que nous avons à combattre, tient à la compression de quelque besoin, si le principe du mal est une aspiration méconnue, une vocation contrariée, une profession répugnante à la place d'une activité qui se fût déployée avec bonheur, nos moyens de guérison ne seront-ils pas beaucoup plus sûrs ? ne suffira-t-il pas ordinairement de rendre le dynamisme déraillé à son essor, ou de le pousser dans le sens de ses tendances pour faire cesser son aberration ?

Il en est absolument de même en thérapeutique vitale. Soit une cause animatrice qui s'aliène dans une idée morbide. Vous voulez substituer à cette affection une opération médicatrice, et vous avez à choisir entre plusieurs qui peuvent, suivant les cas, aller à vos fins ; prenez-vous au hazard parmi les plus révolutionnaires et les plus puissantes ? oui, s'il s'agit de suspendre pour un instant la fonction pathologique et d'en obtenir un moment de silence. Mais s'il vous faut une réforme radicale, vous n'y arriverez qu'au moyen de la substitution la plus sympathique au système, la seule susceptible de s'y naturaliser et d'y acquérir la plénitude de ses développements et de sa durée. Fût-elle la plus faible en principe, elle sera la plus efficace en fait. Essayez de donner une diarrhée habituelle à celui dont les mouvements fluxionnaires aboutissent tous à la peau ; demandez une sécrétion cutanée, une dartre artificielle au sujet dont les tendances sont exclusivement hémorrhoïdaires, vous échouerez à coup sûr. On ne commande pas à la nature qu'on ne lui ait préalablement obéi ; avant d'intervenir dans son administration, épions donc ses pentes et ses allures, et arrachons-lui son secret. Informons nous de ses besoins tant physiologiques que morbides, tant généraux que particuliers ; nous en trouverons peut-être un qui sera resté en souffrance : ce pourra être un besoin de génération, d'allaitement, de diète animale, d'exercices musculaires, d'éruption teigneuse, hepétique, goutteuse ou suppuratoire. L'âge, le sexe, l'hérédité, le genre de vie, les professions, l'idiosyncrasie, les antécédents du sujet, les molimen rudimentaires qu'il présente, les effets des traitements mis en usage, sont autant de chefs où on puise, sinon des indications, au moins de précieux indices.

Si au bout de cette analyse vous avez acquis une haute probabilité que l'impuissance du système à coordonner les actes d'une synergie recorporative est le douloureux mobile des accidents qui le désolent ; si cette impuissance est le principe de l'inquiétude diurne et de l'insomnie féroce qui agitent ce névropathique, de la phthysie pulmonaire qui menace cet adolescent, des fluxions redoutables qui assiègent les yeux ou le cerveau de cet adulte, n'aurez-vous pas déterminé à la fois le genre et les indications de la maladie ? ne serez-vous pas le digne ministre de l'activité vivante dont vous aurez été l'habile interprète ?

On dit souvent que la nature des maladies est inconnue, et on a raison si, par nature, on entend essence, si on fait allusion à ce qu'il n'est pas donné à l'esprit de l'homme de saisir et de pénétrer. A ce titre nous ignorons la nature du plomb, du soufre, de l'oxygène et des autres corps simples dont l'histoire est le mieux connue. Mais si la nature des êtres et de leurs modalités se réduit pour nous à la somme de leurs attributs, à leur signalement phénoménal, à leur caractérisation empyrique, nous connaissons la nature des maladies comme celle des corps bruts. Or, au nombre des signes qui spécifient une maladie et nous servent à la distinguer des espèces qui lui ressemblent, en est-il de plus radical que la détermination du besoin dont elle est la traduction, que la découverte de la solution heureuse qu'elle comporte, de l'aboutissant plus ou moins inoffensif vers lequel on peut la pousser et l'éteindre ?

Voilà deux phthysiques au premier degré. Ils sont dans les mêmes circonstances d'âge, de toux, d'expectoration, d'amaigrissement ; les symptômes et les lésions anatomiques sont chez eux indiscernables ; seulement le premier appartient à une famille dans laquelle une erruption herpétique est, à l'époque de l'adolescence, une condition de la santé ; l'autre est constitutionnellement pénétré de la diathèse tuberculeuse. Eh bien ! tandis que le premier pourra guérir par le quinquina, les eaux sulfureuses thermales, la vésication des parties de la peau prédisposées aux dartres, le second sera précipité par ces moyens. La nature de leur mal n'est donc pas la même, et c'est la diversité de leurs besoins morbides qui en fait la différence.

Renversons les termes de ce contraste, et supposons deux malheureux que la soif dévore dans un désert, que quelques verres d'eau rendraient également à la vie et à la santé. Importerait-il beaucoup, dans le jugement de leurs souffrances, que l'un éprouvât encore le tourment de la soif et que l'autre ne le sentît plus ; que celui-ci eût des vomissements et celui-là une hématurie ; que le premier eût du délire, pendant que l'autre garderait toute sa raison? Le génie de leur mal ne serait-il pas le même ? et à travers les variétés infinies de la symptomatologie, au milieu des expressions si dissemblables de leurs angoisses, ne faudrait-il pas reconnaître le même besoin, les mêmes indications, la même nature de mal ?

Il ne sera pas hors de propos d'insister sur ces considérations au moyen d'un troisième exemple. Soient deux femmes dont la menstruation ne peut être en retard sans que de graves désordres ne leur surviennent. L'une est prise d'un tic douloureux de la face, l'autre d'une céphalalgie gravative. Névralgie et congestion se dissipent également quand les règles reparaissent. Névralgie et congestion, quoique maux distincts en soi et absolument irréductibles, ont donc, dans l'espèce, le même principe étiologique et la même nature morbide.

Le peu de curabilité des maladies chroniques est un fait trop réel, et, il ne faut pas craindre de l'avouer, un fait bien humiliant pour la médecine. Nos échecs à leur encontre tiennent, en partie, au degré irrévocable où elles sont arrivées quand on nous appelle ; elles tiennent plus encore aux lois et aux conditions terrestres de l'homme. Loin de nous décourager, nous n'en devons que mieux utiliser nos ressources. Voulons-nous être plus heureux, ne nous arrêtons pas à des procès-verbaux, si exacts soient-ils, de troubles fonctionnels et de lésions anatomiques. Elevons-nous de ces expressions phénoménales jusqu'aux idées morbides qu'elles révèlent, et, quand il y a lieu, jusqu'aux besoins opprimés qu'elles voilent et traduisent tout ensemble. C'est au point de vue pathogénique que nous trouverons alors le véritable diagnostic et les indications curatives. Après nous être assurés que le mal présent n'est pas la transformation d'un mal antérieur supprimé ou spontanément évanoui, demandons-nous s'il ne s'agirait pas d'un besoin dépuratoire, non encore manifesté, à satisfaire ; d'une synergie relative à susciter ; il suffit que cette question puisse être résolue par l'affirmative pour se la poser dans tous les cas difficiles, pour la prendre en sérieuse considération dans les affections rebelles. Nous avons longuement exposé les moyens de l'élucider.

Raymond, de Marseille, publia, dans le milieu du siècle dernier, un travail qu'on peut regarder comme les prolégomènes du notre. Sous le titre paradoxal de maladies qu'il est dangereux de guérir, il traitait des fonctions médicatrices en exercice, tandis que nous appelons l'attention de nos confrères sur les opérations de cet ordre qui font actuellement défaut à l'économie, et dont l'évolution est nécessaire à sa prospérité et à sa durée. Mais qu'elles se traduisent en actes ou restent à l'état de virtualités pures, ces fonctions, ces opérations demeurent les mêmes : elles correspondent à un besoin satisfait dans le premier cas, à un besoin en souffrance dans le second. Là est toute leur différence. Le livre de Raymond nous enseigne à les respecter quand elles se produisent. Notre ambition serait de jeter quelques jours sur la seconde partie du problème, sur celle qui consiste à découvrir les satisfactions médicatrices que réclament nombre d'affections, à distinguer ces satisfactions les unes des autres, et à trouver leurs voies et moyens. Un maître dans l'art d'observer et d'interpréter la vie ferait un livre bien utile en éclairant les deux faces de cette question de leurs lumières propres et de celles qu'elles se prêtent ; ce serait un traité des fonctions pathologiques qu'il est soit dangereux de supprimer soit opportun ou nécessaire de provoquer. Un ouvrage conçu dans cet esprit dévoilerait le génie et les solutions naturelles de quelques maladies aiguës réfractaires, et perfectionnerait singulièrement la doctrine et le traitement de beaucoup d'affections chroniques. Nous ne saurions avoir une prétention si haute pour notre modeste essai ; mais si faible que soit cette ébauche, ses principes sont d'une heureuse fécondité. Nous allons, du reste, montrer ce qu'ils valent en les soumettant à une épreuve décisive : nous allons, les appliquer à la thérapeutique d'une affection qui passe généralement pour incurable, je veux dire l'épilepsie.

L'épilepsie est réputée incurable. Elle doit ce renom à deux causes : à son extrême tenacité, et à la fausse voie dans laquelle la thérapeutique s'obstine à son encontre. La plupart des médecins négligent, en effet, l'investigation de ses sources individuelles, et, sans souci des indications qui en jailliraient, ils restent dans l'inaction ou recourent aux spécifiques. Plusieurs épilepsies finissent pourtant toutes seules, et le mécanisme de leur extinction est un enseignement précieux. Il ne s'agit pas ici de celles qui disparaissent après l'expulsion d'entozoaires, après l'enlèvement d'un corps étranger, après la cure d'une syphilis. Nous faisons allusion à celles qui guérissent après une dentition laborieuse, après l'établissement régulier d'une menstruation difficile, après l'éruption d'un favus. Ces derniers faits sont trop nombreux pour être contestables. Or, qu'on les pèse avec soin et qu'on s'en rende bien compte ; on y voit l'automatisme, ne pouvant remplir une de ses fonctions capitales, témoigner par les convulsions et les délaissements de l'épilepsie de son inquiétude et de ses souffrances, et ne plus les éprouver quand il a trouvé ses voies. Cette explication est, à la suite des développements dans lesquels nous sommes entrés, la seule légitime, la seule possible. Que l'épilepsie ait, par exemple, un autre principe ; que les retards de la dentition et de la puberté y soient étrangers ou descendent du role de causes à celui d'effets ; que l'épilepsie se complique avec le favus, au lieu d'en tenir la place et de le représenter en quelque sorte, et vous verrez vainement les dents sortir de leurs alvéoles, les règles couler, la tête se couvrir de croûtes, le haut mal ne cessera pas pour cela.

Cette distinction est fondamentale, et il suffit de la rendre plus claire au moyen de quelques applications. On en verra tout de suite la justesse et la portée. Voilà trois femmes épileptiques ; la menstruation soutient avec l'affection morbide qui leur est commune des rapports différents en chacune d'elles. Celle-ci continue d'être réglée ; les deux fonctions coexistent et s'accomplissent pleinement ; il est même très ordinaire que le tribut périodique réveille les accès convulsifs et les occasionne. Celle-là n'avait jamais eu de retards, mais l'épilepsie est venue, elle a bouleversé l'économie, détourné de l'utérus les mouvements fluxionnaires dont il est le but, et déterminé ainsi une aménorrhée symptomatique. La troisième n'est pas encore réglée ; les synergies nécessaires à l'établissement du flux menstruel ont fait défaut ou n'ont pu surmonter quelques difficultés locales, et l'épilepsie n'est que l'expression de ce besoin en souffrance, le résultat accidentel de son oppression.

Qu'on soumette à cette analyse les relations de l'épilepsie et du porrigo, on y trouvera les mêmes espèces, les mêmes variétés. Tantôt les deux affections se manifestent concuremment et constituent deux modes pathologiques distincts: la chose est rare pourtant quand la sécrétion teigneuse a été longue et abondante, mais elle est possible, elle a été vue ; tantôt une épilepsie idiopathique abrège la durée d'un favus préexistant ; quelquefois enfin la guérison intempestive de ce dernier et sa non apparition, quand il est nécessaire, déterminent l'épilepsie.

La différence de ces connexions, des indications qui en résultent, et des espérances curatives qui s'y rattachent est si patente, que nous nous contentons de l'indiquer. Les épilepsies par refoulement, rétrocession spontanée ou insuffisance d'une dépuration irrémissible, sont hors de cause ; nous les rappelons à titre de lemmes. On a, d'ailleurs, admis de tout temps des épilepsies occasionnées par les difficultés qu'éprouvent la dentition et la menstruation, c'est-à-dire par l'arrêt d'une évolution physiologique. Nombre d'auteurs reconnaissent, même implicitement, des épilepsies liées à la non satisfaction de besoins pathologiques. Nous allons établir, au moyen de l'observation clinique, que c'est à bon droit, et que l'oppression de ces deux ordres de besoins est une source étiologique trop négligée de l'affection qui nous occupe.

Que les retards et les difficultés de l'éruption des molaires puissent donner lieu à l'épilepsie, c'est, je crois, ce dont personne ne doute. Quel est le praticien un peu répandu qui n'en a pas vu des exemples plus ou moins caractérisés ! De Haën, Baumes, Guersent, M. Oudet, en ont observé et rapporté de fort concluants. Les convulsions avec perte absolue de connaissance se montraient à l'époque de la sortie des molaires: elles sévissaient pendant la durée de ce travail, et finissaient avec lui. Or, de quelque manière qu'on les interprète, qu'on voie en elles le retentissement sur les centres nerveux d'une irritation spéciale de la bouche, qu'on aime mieux les considérer comme les manifestations propres d'une inquiétude de la force vitale paralysée dans ses efforts et n'arrivant pas à ses fins, peu importe ; l'étiologie, le diagnostic, la thérapeutique, le pronostic de ces formes du haut mal découlent toujours de la même source : c'est l'enchaînement d'une fonction normale qui est leur point de départ et leur phénomène initial, c'est à aider cette fonction et à lever ses obstacles que les indications consistent, c'est aux chances naturelles et artificielles de sa réalisation que se rattachent les craintes et les espérances du médecin.

Nous l'avons dit et ne craignons pas de le redire, l'aménorrhée est d'ordinaire un effet ou une pure coïncidence de l'épilepsie, il est rare qu'elle en soit la cause ; mais elle l'est quelquefois, et l'horrible mal guérit alors quand les règles s'établissent d'elles-mêmes, ou que l'art en obtient la venue. De pareils faits passent souvent inaperçus : ils ne sont pas compris, tout au moins, comme ils devraient l'être quand ils se produisent. En veut-on une preuve péremptoire, on la trouvera dans l'observation que voici.

Une jeune fille, traitée par le docteur Ebers, de Bordeaux, fut prise, lors des retards qu'éprouva chez elle le développement de la puberté, d'accès cataleptiques alternant avec des accès épileptiques. Au milieu d'une attaque, la malade tomba dans le feu et se fit une large brûlure. La face interne de l'avant-bras gauche et la mamelle du même côté furent profondément cautérisées ; il en résulta une suppuration abondante. Celle-ci mit la vie en péril, et finit pourtant par céder à un pansement immédiat avec de la charpie imbibée d'une forte décoction de suie. L'accident était arrivé le jour de Pâques 1836, et à l'époque de la publication de cette histoire, en février 1841, l'épilepsie n'avait plus reparu. Il est à remarquer que la menstruation s'était régulièrement constituée pendant le traitement de la brûlure. (*Journal de médecine de Bordeaux*, cahier de février 1841. — *Journal des connaissances médico-chirurgicales*, n° de juillet 1841.)

Le fait dont il s'agit se passerait aisément de commentaires. L'épilepsie s'était montrée à l'époque de la puberté et à propos de ses empêchements ; elle dura tant que l'effort menstruel fut impuissant, elle cessa quand ce besoin fut satisfait, quand la fonction enchaînée eut pris son essor. Une vaste brûlure, comme toute autre cause grave et soudaine de perturbations, suspend bien, il est vrai, les accès de l'épilepsie, mais elle n'a aucune prise sur leur principe, et les convulsions reviennent à coup sûr après la cicatrisation des surfaces cautérisées. D'un autre côté, la puberté a beau poindre chez une fille dont l'épilepsie n'est pas liée à ses retards, elle a beau amener le tribut périodique avec une régularité parfaite, les accès du haut mal ne s'en produisent pas moins : ils sont même plus souvent excités qu'affaiblis par les retours de l'hémorrhagie naturelle, et Tissot n'a pas vu un seul exemple de leur guérison radicale qui se pût rapporter à la révolution économique dont il est question.

L'observation du docteur Ebers et toutes celles qui lui ressemblent appartiennent donc à une catégorie spéciale : ce sont des épilepsies déterminées par l'oppression d'un besoin physiologique, se manifestant à l'époque de sa souffrance, et guérissant par la satisfaction spontanée ou sollicitée de ce besoin.

Il nous semble à propos de rappeler ici la fréquence de l'épilepsie chez les malheureux qui présentent un arrêt notable du développement du cerveau. Leur idiotie se comprend sans peine dans toute doctrine ; mais d'où lui vient sa triste compagne ? est-ce qu'à une somme moindre d'appareils et de molécules organiques devrait correspondre autre chose que l'absence et la faiblesse proportionnelle des activités relatives ? comment s'expliquer les délaissements convulsifs qui s'y ajoutent ? La difficulté est grande quand on regarde la vie comme un simple résultat, elle est nulle quand on voit en elle une cause et une cause dont les facultés se traduisent, pour la plupart, sous la forme de besoins. Le haut mal des idiots, celui des enfants dont les dents ne sortent point, celui des grandes filles non réglées, ce haut mal n'a-t-il pas pour cause un incomplément d'organisation ou de fonctions ? n'est-il pas un douloureux témoignage de l'impuissance de l'automatisme à créer ses instruments ou à s'en servir ? Nous n'avons pas, il est vrai, dans les arrêts de développement la contre épreuve de la guérison ; les desiderata de la force plastique sont irréparables, mais l'analogie des faits qui viennent d'être rapprochés n'en est pas moins légitime.

On trouve dans les auteurs un autre genre d'épilepsie fort analogue aux précédents : nous voulons dire celui qui est produit par une continence absolue et que guérit le mariage. Le cas est rare sans doute, et n'a lieu qu'en des natures ardentes et bien maîtresses d'elles-mêmes. Lauzoni a publié un fait de cette espèce, que Moreau de la Sarthe a reproduit commenté et au tome VI du

Journal général de méd.cin, page 230. Ils le considèrent tous
deux comme l'effet de la compression d'un besoin irrémissible.
L'observation de Lauzoni est loin d'être unique ; Sennert et Jous-
ton en ont recueilli de semblables. Nous n'insisterons pas plus
longtemps sur ce point ; il reste hors de doute qu'une nécessité
physiologique quelconque, arrêtée dans son essor, peut se mani-
fester par une épilepsie symptomatique de sa souffrance et cura-
ble par sa seule et simple satisfaction.

C'est un sentiment et une idée vulgaires que le sentiment et
l'idée du besoin physiologique. Qui ne sait et l'impériosité de ses
exigences et l'inquiétude croissante qui l'accompagne quand il ne
lui est pas fait droit ? Que ce besoin soit nettement perçu, comme
la faim et la soif de l'adulte, qu'il se traduise par des efforts ins-
tinctifs de succion, comme l'appétit du nouveau-né, qu'il s'ignore
lui et son objet, comme les aspirations génératrices de tant d'hys-
tériques, il garde sous toutes ces formes la même nature et le
même nom ; son domaine n'a d'autres limites que celui des fonc-
tons hygides au milieu desquelles l'organogénie occupe un rang
des plus élevés. Or, si le défaut d'une évolution, soit plastique soit
dynamique, est dans l'état de santé une cause d'épilepsie, doit-on
s'étonner que l'avortement ou l'absence d'une opération médicatrice
puisse également donner lieu à cette affection ? La probabilité de
cette étiologie est trop grande, à priori, pour qu'on oppose une fin
de non recevoir, une prévention légitime aux données cliniques
qui la confirment ; elle devient, dans l'interprétation rigoureuse de
ces dernières, une vérité expérimentale dont nous abordons la dé-
monstration par l'observation suivante.

Eugène P., âgé de six mois, fils d'un mien confrère et ami,
est pris, sans cause connue, dans le cours d'une indisposition qui
semble peu grave, d'une attaque d'épilepsie ; cet accident arrive
dans le mois de juin 1849. L'enfant est insensible pendant sa durée.
Les deux moitiés de la face sont crispées par des convulsions in-
égales qui lui donnent l'insoutenable aspect que l'on sait ; la bouche écume ; la tête, le tronc et les membres éprouvent simultanément des secousses désordonnées ; la tourmente vitale dure un
quart d'heure, après lequel le sujet tombe dans une stupeur pro-
fonde dont il ne sort qu'au bout de quelques heures. L'attaque

se reproduit le lendemain et les jours suivants avec la même violence ; le mal résiste, comme d'usage, à une saignée capillaire des malléoles, à la vésication des mollets, à des doses répétées de calomel, à la valériane et enfin au séton de la nuque. Plusieurs mois se passent sans qu'il cède à aucune médication ni qu'il s'épuise de lui-même. Cette épilepsie ressemblait à toutes les autres par ses phénomènes constitutifs ; elle en différait seulement en un point essentiel d'abord inaperçu et qui nous frappa plus tard : les accès finissaient par une sueur chaude, très abondante, de la tête et du cou. Ce fut un trait de lumière. J'avais d'ailleurs déjà vu une épilepsie jugée par l'éruption d'un favus ; je fus amené à penser que l'affection convulsive n'était ici que le besoin fourvoyé d'une dépuration teigneuse, et j'en proposai l'inoculation au père du jeune malade. Il ne me fut pas possible de convaincre le confrère de la réalité et de l'innocuité de cette indication : le mal est incurable, m'objectait-il, mon pauvre enfant en aura deux au lieu d'un ; et il se refusa à la contagion proposée. Les accès revinrent encore un mois durant, en conservant leurs caractères un peu affaiblis. Nous passions en quelque sorte de l'état aigu à l'état chronique, et rien n'annonçait une solution ; mais la nature, aidée peut-être ici par le séton, aboutissait à ses fins. Le cuir chevelu se couvrit de croûtes muqueuses exhalant l'odeur de souris ; les accès ne furent plus que des efforts éliminateurs efficaces, et l'épilepsie disparut insensiblement. Il y a trois ans de cette heureuse terminaison : un peu de retard dans le développement de l'intelligence est tout ce qu'elle laisse à désirer.

Cette observation est précieuse à plusieurs titres. Le besoin dont les convulsions était le masque put d'abord être soupçonné ; l'épilepsie ne fut pas suspendue, elle fut radicalement guérie quand le dynamisme coordonna mieux ses actes et réalisa l'irrémissible éruption. L'art n'intervint pas dans cette dernière circonstance, il n'obscurcit pas le progrès naturel et l'enchaînement des phénomènes médicateurs. Certes, les choses se seraient autrement passées si l'épilepsie et la sécrétion plastique du cuir chevelu n'avaient pas été des manifestations corélatives et solidaires. Ces deux affections se seraient associées au lieu de se succéder, si la première n'avait pas été le témoignage désespéré de l'impuissance de la seconde, si, pour parler comme MM. Lordat ou Récamier, les deux phrases symptomatiques eussent été l'expression d'idées morbides différentes.

Il est évident que la révulsion est hors de cause dans ce résultat, et que la dérivation du séton a été tout au plus occasionnelle. Le pouvoir des meilleurs agents distractifs se borne en effet à enchaîner le haut mal tant que dure la révulsion introduite par eux dans l'économie des forces agissantes. La perturbation dynamique une fois calmée, les attaques convulsives reparaissent et gagnent souvent en violence le temps qu'elles ont perdu. Des trois formes de coexistence dans lesquelles rentrent toutes les simultanéités de passions et d'actions vitales, à savoir l'antipathie, la synergie et l'indifférence, il est bien reconnu aujourd'hui que la virtualité épileptique et les exutoires qu'on lui oppose réalisent leurs phénomènes respectifs dans la catégorie de la pure coincidence.

Nous insistons sur cette observation, parce qu'elle est capitale et qu'elle révèle la loi d'un grand nombre de faits analogues qu'on regarde généralement comme apocryphes ou exceptionnels. Qu'on lise, par exemple, dans le *Journal de Sédillot,* tome XXV, page 46, l'histoire d'Yves Gégol, âgé de 14 ans, galeux depuis nombre d'années et épileptique depuis sa première enfance, lequel guérit au moyen de trois cautères et de préparations sulfureuses qui déterminent une abondante éruption cutanée ; on passe outre sans croire, faute de comprendre, et partant sans avoir appris à être aussi heureux lorsqu'on rencontrera un cas semblable. De quoi s'agit-il pourtant ? d'un dartreux, car gale et dartres sont synonimes dans les vieux auteurs, dont l'épilepsie trahissait l'insuffisance de la dépuration cutanée, et chez lequel un énergique appel à la peau, déterminant une satisfaction complète des besoins du système, lui rendit sa sérénité.

Le professeur Loefler, d'Altona, a publié deux observations identiques, qu'il faut taxer de mensonges ou expliquer de la même manière. Elles concernent deux épileptiques qui furent guéris au moyen de l'inoculation d'une gale supprimée chez eux par l'action du froid. Le diagnostic de la gale est ici plus que contestable, et s'il était question d'elle spécialement et du pouvoir qu'aurait le froid de la faire rentrer (vieux style), les observations de Loefler seraient sans valeur. La nature de l'éruption herpétique demeure douteuse, mais l'existence de l'épilepsie qui suivit sa rétrocession est hors de

litige ; ses signes pathognomoniques étaient alors aussi bien con-
nus qu'aujourd'hui. Les accidents épileptiques procédaient donc,
dans ces deux cas ainsi que dans celui d'Yves Gégot et d'Eugène
P., de l'insuffisance ou de l'absence d'une décharge humorale nécessaire, de la souffrance d'un besoin pathologique irrémissible.
Ces conclusions sont, au reste, celles des rédacteurs de *la Bibliothèque germanique* et du *Critique français,* qui les reproduit en
les adoptant. En voici les termes exprès : « Les rédacteurs de *la*
» *Bibliothèque germanique,* dit Sédillot, tome VII page 217, par-
» faitement au niveau de la bonne médecine et de la saine physio-
» logie, n'admettent pas, dans ces deux observations, des réper-
» cussions de la gale ; ils attribuent les accidents de la cessation
» de l'affection psorique au besoin de l'irritation de la peau qui
» était devenue une habitude nécessaire. Et ils expliquent, par le
» rétablissement de cette même irritation, les effets heureux cons-
» tatés dans les observations de Loefler. »

Ce n'est pas là de l'étiologie et de la thérapeutique de bonne
femme, comme on le croirait au premier abord ; et je pourrais
m'appuyer sur ce point de l'autorité d'un dermatologiste éminent,
de M. Baumès, de Lyon. On lit dans son *Précis des diathèses,*
pages 84 à 86, l'histoire d'un individu chez lequel une diathèse
dartreuse héréditaire avait été déviée de la voie normale de ses
manifestations par une affection interne d'une autre nature.
« A trente ans, ce malade contracte la gale ; il la méconnait d'abord,
la néglige, ne la fait traiter que trois mois plus tard. Le traitement
consiste en frictions avec l'onguent citrin. Huit jours après, éclate
à la peau une éruption considérable érythémato-vésiculeuse avec
forte cuisson. Quand tout ce qui tenait à la gale parait guéri, le
malade conserve des dartres oczémateuses sur le front, le cuir chevelu, les avant-bras et les jambes. A partir du moment où la gale
s'est déclarée et les mouvements fluxionnaires se sont dirigés vers
la peau, il y a eu amélioration progressive et puis cessation complète de l'irritation intestinale et des crises. Il a fallu, dans l'espèce, un appel violent fait à la peau par la maladie contagieuse
pour ramener la diathèse sur le théâtre naturel de ses manifestations. » Le fait de M. Baumès donne donc un haut degré de crédi-
bilité à ceux du professeur d'Altona.

Le professeur Krimer a publié, à d'autres fins que les nôtres, dans le *Journal d'Hafeland*, cahier de septembre 1834, une observation qui conduit aux mêmes conséquences. On peut la lire dans le *Journal des connaissances médico-chirurgicales*, tome II, page 288. « Une jeune femme, forte et robuste, était affectée d'épilepsie depuis l'âge de six ans. La crainte d'une punition sévère avait été, à cette époque de sa vie, la cause ou l'occasion de son mal. Les accès étaient fort irréguliers : tantôt ils se montraient seulement le jour, tantôt ils n'apparaissaient que la nuit; leur durée variait de dix minutes à six heures, et leurs intervalles, d'un jour à six semaines. Les moyens ordinaires avaient échoué; la saignée seule agissait d'une manière favorable sur la fréquence et la longueur des accès. Les bons effets du carbonate de fer dans la chorée engagèrent le docteur Krimer à faire l'essai de ce remède : il le prescrivit à la dose d'un gramme toutes les trois heures. A la troisième prise l'accès d'épilepsie se déclara avec une telle violence, qu'on craignit pour la vie de la jeune femme. Il se prolongea trois heures sans diminuer d'intensité, et se termina par un état d'engourdissement stupide qui persista huit heures environ. Lorsque la malade revint à elle, ses membres étaient brisés et ses articulations endolories. Le jour suivant son corps entier fut couvert d'une éruption très bien caractérisée de scabies purulenta qui céda rapidement à l'action du soufre. Six ans s'étaient écoulés depuis lors, et la guérison ne s'était pas démentie en 1834. »

L'observation du docteur Krimer a évidemment la portée et la signification de celles qui précèdent. Toute la différence est dans la cause occasionnelle qui fut la peur, et dans l'utilité palliative de la saignée, différences certainement accessoires et extérieures. Leur étiologie commune est la difficulté, le retard d'une sécrétion, d'une décharge humorale. Symptomatiques du même besoin, ces épilepsies finissent également dès qu'il est satisfait. L'éruption critique est spontanée chez le premier sujet, provoquée chez le second par l'action périphérique du soufre, par la contagion chez les deux autres, par l'impression tonique du fer chez le dernier, mais identique en chacun et leur imprimant à tous le cachet d'une même nature.

S'inscrira-t-on en faux contre ces guérisons? elles sont d'abord assez nombreuses pour qu'on pût faire un volume en les colligeant; elles nous viennent ensuite d'époques trop diverses, d'autorités trop graves, pour les traiter si lestement. N'est-il pas plus rationnel et plus sage d'en trouver la loi et d'en multiplier les espèces que de les nier arbitrairement ? Maintenant je vais plus loin et je pose simplement cette question : Si l'impuissance de la nature vivante à organiser certaines parties de son instrumentation, à énucléer les dernières molaires, à obtenir le concours du sens intime pour l'accomplissement d'une fonction mixte comme l'acte générateur, à réaliser les synergies nécessaires à l'établissement de la menstruation, d'un favus ou d'un herpes ; si cette impuissance est capable de jeter l'agent vital dans une inquiétude qui dégénère en épilepsie, refuserait-on, à priori, le même pouvoir au besoin non satisfait d'un flux diarrhéique ou hémorrhoïdaire, d'épistaxis répétées, de phlegmorrhagie nasale, d'une sueur habituelle des pieds, ou de tout autre élimination ? La suppression intempestive, l'insuffisance de l'une quelconque d'entre elles, sont généralement regardées comme la source commune de beaucoup de maux, et sa non apparition, quand elle est urgente, ne serait pas une cause grave de perturbations ! Il est naturel de penser que telle ophthalmie dépend de la brièveté et de la faiblesse d'un cours de ventre ordinairement plus long et plus abondant, et il ne serait pas permis de la rattacher à l'absence de ce bénéfice de nature ! On s'explique la ténacité insolite d'une irritation pulmonaire par la rapide dessication d'une dartre dont la durée avait l'habitude d'être plus grande, et on ne pourrait attribuer une toux rebelle au desiderata d'un émonctoire cutané ! Cela implique contradiction. Nul doute qu'une pareille étiologie ne doive être fondée, dans chaque cas particulier, sur l'analyse exacte de ses circonstances ; il faut au moins qu'elle soit plus vraisemblable que tout autre, pour avoir droit à la vérification thérapeutique. Le lecteur est déjà édifié sur sa réalité à l'endroit de maintes épilepsies. Nous avons vu leurs attaques tenir la place soit d'une fonction physiologique, soit d'une opération régénératrice en retard. Nous allons les montrer soutenant les mêmes rapports avec une affection plus perverse que le haut mal, c'est-à-dire avec le cancer. Le Journal de la Société de Médecine renferme deux exemples de cette singulière solidarité. Le premier, tome XXXII page 187, concerne une femme sujette, depuis des années, à des accès épileptiques, laquelle fut délivrée de leurs retours par un cancer du sein. Après huit ans d'immunités dues à un aussi redoutable défenseur, le cancer fut extirpé, et la cicatrice de l'opération était à peine obtenue, que la malade expira dans un nouvel accès épileptique plus violent qu'aucun des anciens. Certes, il n'est pas possible d'attribuer les huit années de silence d'une épilepsie féroce à la révulsion exercée sur elle par le cancer. Rien ne prouve d'abord que l'épilepsie soit liée à un mouvement de fluxion habituelle sur le cerveau ; mille faits établissent même le contraire. Les débuts d'un squirrhe sont d'ailleurs trop humbles et trop peu aperçus dans l'économie vivante pour qu'un si grand pouvoir distractif leur soit accordé sur une épilepsie préexistante. Les deux affections se manifestent chacune de son côté quand elles ont des origines distinctes. L'épilepsie dont il est ici question n'était donc que le précurseur et le masque du cancer, le cri désespéré de son oppression.

Le deuxième exemple, tome XXXIII page 49 du même recueil, appartient à Donatus, *Hist. mirab. libr* 2 *capit.* 4 ; il a pour sujet une religieuse qui commence par éprouver une douleur auprès du teton. La douleur augmente et semble se communiquer au cerveau par une sorte de vapeur ; la malade est épileptique ; le sein affecté s'ulcère de temps en temps après être devenu le siége d'une tumeur assez dure ; il en coule une humeur sanieuse, et les accès d'épilepsie n'ont jamais lieu tant que cette suppuration est entretenue par l'art ou par la nature. Que voyons-nous dans cette succession de modes pathétiques et opératifs ? une affection cancéreuse qui a de la peine à s'incarner, et qui n'arrive à la formation et au ramollissement de son appareil qu'à travers les convulsions et les délaissements de la cause animatrice. Entre les douleurs lancinantes qui ont l'initiative et la tumeur qui doit les suivre et qu'elles préparent, la difficulté du passage se traduit par les attaques de l'épilepsie. On les observe également entre l'induration du sein et sa fonte ichoreuse, ainsi qu'entre les intervalles de celle-ci qui est ordinairement continue, et qui éprouva dans l'espèce d'assez longues suspensions pour que l'ulcère se couvrît quelquefois de cicatrices momentanées. Ces faits intéressent vivement à la lecture ceux qui dans leur pratique en ont rencontré de semblables et qui en soupçonnent l'explication. Je l'entrevis, pour mon compte, à l'occasion que voici : Je donnais des soins, en 1840, à une femme de 60 ans, héréditairement disposée à la folie, et qui avait joui

jusques là de la santé et de la raison. Il lui survint, à cette époque,
une insomnie rebelle et une agitation diurne dont le douloureux
mobile demeurait impénétrable. Il était clair pourtant que le mal
procédait de l'automatisme, et que si l'âme y prenait une vive part
c'était à la remorque de son congénère. L'inquiétude de celui-ci
résista à tous les moyens calmants ; elle continua de s'accroître, et
après quelques mois d'angoisses poussa la malheureuse au suicide : on la retira morte d'une cuve en fermentation où elle s'était
précipitée volontairement. L'autopsie ne fut pas faite, et je ne pus
voir dans ce drame morbide qu'une tourmente vitale fatalement
terminée par un acte d'aliénation.

Huit ans s'écoulèrent sur cette catastrophe. Je l'avais presque
oubliée, lorsque une sœur de la défunte, arrivée comme son aînée
aux environs de la soixantaine, fut prise des mêmes accidents.
C'était une femme athlétique, plus charnue que grasse, dont la vie
d'épouse et de mère avait été très laborieuse, et qui avait toujours
eu une santé forte. Une agitation et une inquiétude indéfinissables
s'emparèrent d'elle peu à peu ; son moral se préoccupa singulièrement, et elle finit, au bout de quelques mois, par ne pouvoir
rester, comme on dit, un moment en place. L'anxiété générale se
compliquait chez elle d'une succession de malaises locaux assez
graves ; la tête, la région épigastrique et le bas-ventre étaient tour
à tour affligés de congestions que la saignée dissipait ou amoin-
drissait. La ténacité de la céphalalgie me parut même exiger
un séton à la nuque que la malade garda longtemps, et dont elle
se trouva bien. Nous avions, d'ailleurs, des alternatives de mieux
et de pire, des exacerbations et des rémissions au milieu desquelles
l'assimilation demeurait parfaite ; les forces seules aberraient dans
un mécanisme irréprochable. Besoin n'est d'énumérer les modifi-
cateurs tempérants et antispasmodiques auxquels nous eûmes re-
cours ; la valériane ne fut pas oubliée, car certains redoublements
d'inquiétude se résolvaient en éructations accompagnées de tirail-
lements épileptiformes du visage et d'une demi-perte de connaissance. Trois ans se passèrent ainsi : le mal semblait s'épuiser par
sa durée et tendre insensiblement à une solution heureuse. Mais
au lieu d'une crise recorporative, c'était une dégénérescence
irrévocable qui rendait au dynamisme sa sérénité. Je commençais
à perdre la malade de vue. Des hémorrhagies que l'âge ne com-

portait plus et un écoulement sanieux appelèrent notre attention
sur la matrice. Une tumeur cérébriforme entrouvrait le museau
de touche et distendait l'utérus. Chose digne de remarque, l'anxiété
du système, jadis si grande et si voisine de la folie alors que tous
les organes étaient sains, se réduisait à une crainte réfléchie et
rationnelle quand un viscère important était envahi par un cancer.
Le pénible enfantement de celui-ci, les obstacles mis à son évolution par l'activité du traitement et peut-être par les résistances
locales des points menacés, avaient donc été le principe des longues
angoisses, des insultes épileptiques et de l'aliénation imminente
du sujet. L'histoire de sa sœur n'est-elle pas à présent plus intelligible ? son suicide ne fut-il pas l'effet d'une aliénation vitale et
morale occasionnée par l'arrêt de quelque opération pathologique
irrémissible ?

Est-il possible de ne pas assigner une cause du même ordre à
l'épilepsie dont il me reste à faire l'histoire ? Une femme de 66
ans, que j'ai depuis longtemps sous les yeux, se plaint constamment de son hypochondre gauche. Cette région n'est pourtant le
siége d'aucune lésion appréciable ; la rate et le foie ont leurs vo-
lumes normaux et paraissent sains, l'estomac digère à merveille,
la circulation est irréprochable et l'apyrexie absolue : le mal consiste en une inquiétude diurne qui procède de l'hypochondre gauche et agite la pauvre femme du matin au soir. On la rencontre
souvent dans les rues, errant sans but, faisant palper son côté à
tout venant, dans l'espoir qu'un nouvel explorateur mettra enfin
le doigt sur son insaisissable épine. Il y a là quelque chose qui lui
nuit, qu'elle semble vouloir arracher avec ses mains et qu'elle est
surprise qu'on ne sente pas. Ses nuits sont aussi paisibles que ses
jours sont tourmentés ; elle dort à merveille et son embonpoint
se soutient ; mais de la région affectée partent de temps en temps
des aura qui donnent lieu à d'horribles accès d'épilepsie. Ces accès
reviennent à des intervalles variables, et quand ils se rapprochent
la malade est dans une hébétude qui alterne avec un délire tran-
quille. J'ai craint, pendant plusieurs années, que de cette aliénation passagère notre épileptique n'arrivât à l'aliénation continue
et à la démence. Depuis dix-huit mois, ses attaques sont moindres
et ses dynamismes plus paisibles ; mais elle maigrit et prend un
teint jaune paille. Que signifie à présent cette épilepsie ? de quelle

impuissance régénératrice ou perverse est-elle le témoignage ? en quoi consiste, sous l'hypochondre gauche, la lésion dont elle est le signe et peut-être l'équivalent ? il ne nous a pas été donné de le découvrir. L'hérédité est muette, les antécédents personnels sont nuls, les résultats des médications employées ne disent rien, un séton sous la région d'où part l'aura a été, malgré son indication formelle, obstinément refusé. Tout annonce que le mot de l'énigme est ici, comme dans l'observation précédente, un cancer duquel l'épilepsie aura douze ans tenu la place.

Le point de doctrine étiologique que nous venons d'établir et d'appliquer à l'épilepsie n'est pas tellement nouveau qu'on ne le trouve implicitement au moins dans les consultations des grands maîtres. J'en possède une de M. Lordat où la souffrance d'un besoin pathologique qu'il s'agit de déterminer est considérée par l'illustre professeur comme le principe de la maladie qui lui est soumise. Chacun peut lire, dans le numéro d'août 1841, du *Journal des connaissances médico-chirurgicales,* une consultation de M. Récamier, où les indications sont tirées de la même analyse diagnostique. Le sujet est une jeune fille dont le père a eu toute sa vie une phlegmorrhagie nasale, et qui en a été affligée elle-même jusqu'à 14 ans. La cessation du flux pituitaire a été suivie de mouvements involontaires et subits du bras gauche, qui ont insensiblement dégénéré en attaques d'épilepsie. Les dispositions héréditaires se joignent ici aux antécédents personnels pour la solution du problème deiologique. «Or, ajoute le célèbre praticien, d'après la loi des affections de ce genre, qui rend inutiles ou nuisibles les moyens qui ne frappent pas sur le point de départ des accidents, je propose, etc...., » et il énumère et combine les agents propres à rappeler la phlegmorrhagie nasale à laquelle la santé de la consultante lui semble liée.

Les besoins médicateurs sont malaisés à reconnaître quand ils ne sont manifestés ni par un molimen caractéristique ni par un commencement de satisfaction. Pour leur arracher le masque qui les couvre, il faut alors une grande sagacité, il faut maintes fois recourir à des tâtonnements et à des essais. Nous sommes loin de le contester, mais qu'on ne s'exagère pas la difficulté du problème : il est à moitié résolu quand on sait qu'il existe et de quelle manière on doit l'aborder. Nous avons exposé, dans la première partie de cet écrit, les données générales qui servent à l'élucider ; on peut leur ajouter la considération des infirmités du sujet et de ses prédominences locales d'action, les directions qu'il a prises dans des maladies antérieures, le souvenir des solutions heureuses, soit spontanées soit provoquées, qui ont été obtenues dans des cas analogues. C'est ainsi qu'on s'oriente dans l'obscurité et qu'on trouve son chemin quand on n'est pas dans une impasse. Il y a là, nous ne craignons pas de le redire, une mine thérapeutique précieuse, plutôt inexploitée qu'inconnue.

Que penser à présent de la division classique des épilepsies en idiopathiques et en sympathiques, c'est-à-dire en épilepsies par lésions du cerveau et par lésions d'autres organes ? elle suppose d'abord à toute épilepsie une initiative organique et un siége, et elle fait de ces siéges hypothétiques un partage sans utilité clinique. Une distinction meilleure est celle des épilepsies en symptomatiques et en essentielles. Les premières ont un assez grand nombre de chefs ; parmi eux se trouve celui que nous venons de mettre en lumière ; les aspirations morbides qu'il comprend veulent être secondées par des méthodes thérapeutiques naturelles : elles ont peut-être autant d'espèces que la vie a de pouvoirs physiologiques et d'insurrections médicatrices susceptibles d'oppression ou d'arrêt.

Nous sommes à peu près désarmés contre les dernières. L'efficacité des spécifiques les plus vantés est bien pauvre à leur encontre. Nous n'avons pas, du reste, à faire ici l'histoire des épilepsies incurables : il nous suffit d'avoir prouvé que leur nombre peut être restreint par une étude approfondie des besoins pathologiques.

FIN.